数字化教学与游泳运动融合应用

李　赫◎著

辽宁科学技术出版社
LIAONING SCIENCE AND TECHNOLOGY PUBLISHING HOUSE
·沈阳·

图书在版编目（CIP）数据

数字化教学与游泳运动融合应用 / 李赫著. -- 沈阳: 辽宁科学技术出版社，2023.9（2024.6重印）
ISBN 978-7-5591-3176-8

Ⅰ. ①数… Ⅱ. ①李… Ⅲ. ①游泳－体育教学－计算机辅助教学－研究 Ⅳ. ①G861.12

中国国家版本馆CIP数据核字(2023)第153776号

出版发行：辽宁科学技术出版社
（地址：沈阳市和平区十一纬路25号　邮编：110003）
印 刷 者：沈阳丰泽彩色包装印刷有限公司
经 销 者：各地新华书店
幅面尺寸：170mm×240mm
印　　张：8.25
字　　数：120千字
出版时间：2023年9月第1版
印刷时间：2024年6月第2次印刷
责任编辑：孙　东
封面设计：徐俏俏
责任校对：修吉航

书　　号　ISBN 978-7-5591-3176-8
定　　价　60.00元
联系编辑：024-23280300
邮购热线：024-23284502
投稿信箱：42832004@qq.com

前　言

水的物理特性对人在水中的游进及停留十分重要，人在水中的条件与陆地上具有很大的区别，需要建立新的对外力作用的反射反应。人在水中移动时，身体呈水平姿势，全身都要参与活动。为了向前游进，就得学会利用水的物理特性，提高自身的游泳技能和身体对水的感觉。

游泳作为一项在水环境中进行的特殊运动，从功能上来说，不仅能够锻炼人的心肺功能，同时还能够促进人体的新陈代谢，强身健体。

本书共八章，第一章为现代教育技术的正确认知，主要概说现代教育技术的相关知识，介绍了数字化的教学环境。第二章介绍了游泳与现代化信息技术，从游泳的起源与发展入手，阐述了游泳的意义，指出了现代信息技术在游泳训练中的应用。第三章对游泳的基本知识与有效动作进行了分析。第四章至第七章具体说明不同泳姿与数字化教学。第八章则对不同数字化技术在游泳中的应用做出了介绍。

在撰写本书时参考了大量有价值的文献与资料，汲取了许多人的宝贵经验，在此向这些文献的作者表示衷心的感谢。由于编写时间及笔者能力有限，撰写本书过程中难免存在不足之处，敬请各位读者与同行批评指正。

目 录

第一章 对现代教育技术的正确认知……1
第一节 现代教育技术相关知识……1
一、现代教育技术的概念……1
二、现代教育技术的作用……2
三、现代教育技术教学模式……4
第二节 现代教育技术学习方法……10
一、翻转课堂……10
二、微课学习……10
三、混合学习……11
第三节 数字化教学环境……11
一、校园网络……11
二、多媒体教室……15
三、多媒体网络教室……17
四、智慧教室……23
五、微格教学系统……26
第二章 游泳与现代化信息技术……29
第一节 游泳的起源与发展……29
第二节 游泳的意义……31
一、提高身体机能……31
二、锻炼品质……32
三、健美体魄……32

第三节 现代信息技术在游泳训练中的应用 …… 33
一、现代信息技术在游泳运动训练中发挥的重要价值 …… 33
二、现代信息技术在游泳训练中的有效应用分析 …… 34

第三章 游泳的基本知识与有效动作分析 …… 36

第一节 游泳的基础知识 …… 36
一、运动方向 …… 36
二、动作周期 …… 37
三、动作节奏 …… 37
四、动作频率与划水效果 …… 37
五、浮力和重力 …… 38
六、阻力与推进力 …… 39
第二节 有效动作的分析 …… 40
一、充分利用手和脚在有效动作中的作用 …… 40
二、有效动作中屈臂划水效果好 …… 41
三、曲线划水 …… 41
四、合适的手形 …… 42

第四章 蛙泳 …… 43

第一节 蛙泳的历史和技术特点 …… 43
一、蛙泳的产生 …… 43
二、现代蛙泳技术特点 …… 43
三、平航式、高拉式、波浪式的共同特点和自身特点 …… 45
四、现代蛙泳技术的发展趋势 …… 46
第二节 蛙泳技术与训练方法 …… 48
一、蛙泳的腿部动作 …… 48
二、蛙泳的手臂动作 …… 51
三、蛙泳的呼吸技术 …… 52
四、蛙泳的完整配合 …… 54
五、蛙泳的常见错误与纠正方法 …… 55
六、蛙泳技术专门性练习 …… 56

第五章 自由泳 …… 58

第一节 自由泳的历史和技术特点 …… 58
一、自由泳的产生 …… 58
二、现代自由泳技术特点 …… 59
三、自由泳游进过程中的主要技术 …… 60
四、现代自由泳技术的发展趋势 …… 61

第二节 自由泳技术与训练方法……63
一、自由泳的腿部动作……63
二、自由泳的手臂动作……64
三、自由泳的转身技术……66
四、自由泳的呼吸技术……69
五、自由泳的完整配合练习方法……70
六、自由泳的常见错误与纠正方法……70
七、自由泳技术专门性练习……71

第六章 仰泳……74

第一节 仰泳的历史和技术特点……74
一、仰泳的产生……74
二、现代仰泳的技术特点……75
三、仰泳游进过程中的主要技术……76
四、现代仰泳技术的发展趋势……77
第二节 仰泳技术与训练方法……78
一、仰泳的腿部动作……78
二、仰泳的手臂动作……79
三、仰泳的呼吸技术……81
四、漂浮板使用技术……81
五、仰泳的完整配合练习方法……84
六、仰泳的常见错误与纠正方法……85
七、仰泳技术专门性练习……86

第七章 蝶泳……88

第一节 蝶泳的历史和技术特点……88
一、蝶泳的产生……88
二、现代蝶泳的技术特点……89
三、蝶泳游进过程中的主要技术……92
四、现代蝶泳技术的发展趋势……94
第二节 蝶泳技术与训练方法……96
一、蝶泳的腿部动作……96
二、蝶泳的手臂动作……97
三、蝶泳的呼吸技术……97
四、蝶泳的出发技术……98
五、蝶泳的完整配合练习方法……100
六、蝶泳的常见错误与纠正方法……103
七、蝶泳技术专门性练习……104

第八章　不同数字化技术在游泳中的应用……106
第一节　可视化数字训练法在游泳训练中的应用……106
一、游泳光导训练法优势……106
二、游泳光导具体训练法……107
第二节　虚拟现实技术在游泳训练中的应用……110
一、当前游泳教学中存在的问题……110
二、VR 技术在游泳教学课中的应用探索……111
第三节　CAI数字技术在游泳教学中的应用……114
一、CAI 数字技术支撑游泳教学改革……114
二、CAI 在游泳教学改革中的具体应用……115
三、CAI 技术在游泳教学中应用的建议……118
第四节　Android可穿戴防溺水报警系统……119
一、游泳中存在的溺水问题……119
二、Android 防溺水监测报警系统……120

参考文献……123

第一章 对现代教育技术的正确认知

第一节　现代教育技术相关知识

一、现代教育技术的概念

现代教育技术提供了理想的教学环境，对教育过程产生了深远影响。这种影响将会改变教学模式、教学内容、教学手段、教学方法，以及整个教育思想、教学理论甚至教育体制的根本变革。现代教学，仍是由教师组织学生进行有目的、有计划地有效学习的活动过程。它是在一定的教育理念指导下，根据教学目标，利用多种教学手段，实现教师、学生、媒体、知识的有机结合。现代教育技术下的教育理念是“双主”（即起主导作用的教师和作为教师认知主体的学生）模式，注重人机、知识的相融与和谐，倡导传统教学技术与现代教学技术相融合、共发挥的作用。这种模式既重视教学设计与过程，又重视教学效果与质量、知识与能力双重功效的获得。现代教学模式弥补了传统教学模式的某些不足，它不仅继续强调教师的中心地位，而且也重视学生认知主体的地位，强调教师、学生、知识、媒体技术四种元素之间的互动。

（一）教师、学生与媒体技术的关系

无论是现代教育技术，还是传统教学，教师始终是教学的组织者和管理者。即使媒体技术再先进，课件再精美生动，教师始终是组织者，媒体技术永远不能掩盖教师的主导地位。教师要以自身的人格魅力和富有激情地讲解，像传统教法一样言传身教、黑板板书，适当利用媒体技术实现师生之间更为亲密、和谐的交流，调动学生积极参与教学。教师如果过分注重媒体效果，忘记了教师主导地位，就会出现师生双向交流渠道不畅，教学亲和力低下的现象。老师切忌机械、单纯地操纵机器，应随身携带麦克风、电子教鞭，适当走动，尽量关注学生感知情感等方面的变化，用体态语言、面部表情及口头提示等方式与学生交流教学信息，活跃课堂气氛。教育行为是为了使学生在各方面得到培养和塑造，学生是教育行为的最终目的，无论媒体技术多完美，其从属地位也不能居于学生的认知主体地位之上。所以，要充分发挥教师的主体作用，合理设计教学环节，着眼于优化教学过程、学生和谐发展的宏观目标，决不能被现代教育技术左右。

（二）现代教育技术与传统教法的关系

现代教育技术不能完全排斥传统教学。教师应根据教学需要选择合适的教育技术，融合传统教学中的黑板板书、挂图等，即使现代教育技术具有声音效果，但也是冷冰冰的机器声音，不能替代教师言传身教。

（三）教学课件、教学内容与培养目标的关系

教学课件是对教学内容的详细、生动的阐述与解释。教学内容要以教材为中心，尽可能少在教学课件中插入过多的漂亮图片、动听的音乐，否则就会分散学生的注意力，打断学生思维的连续性，冲淡课堂教学的主题，不仅不能辅助教学，反倒会影响教学目标的实现。同时教学课件还要与人才的培养目标相一致，职业教育的培养目标是应用型人才，新的培养目标包容了原有目标的教育功能，并且进行了进一步的完善和创新。

二、现代教育技术的作用

现代教育技术在教育领域得到应用，至少发挥如下几个方面的作用：

（一）促进了教育观念的转变

现代教育技术真正树立了以学生为主体，教师为主导的现代教育思想

观念，使教师从单纯地讲授知识转变为主要设计教学过程，由家长式的灌输者、训导者转变到启发者、帮助者和促进者；学生从单纯地接受知识转变为主要依靠自学。同时现代教育技术的发展淡化了学校的概念，网络教学、远程教育的发展，使学校成为虚拟、开放、社会化的学校，另外现代教育技术的发展使教育者逐步树立了终身教育的观念。

（二）促进教学方式的转变

现代教育技术的运用，改变了过去教师讲、学生听的灌输式教学方法，教师利用多媒体计算机课件设计的启发式、引导式学习情境，能充分调动学生的思维，发挥学生学习的主动性，引导学生积极主动地完成学习过程。以学生为中心，以个性化学习为目标的新的教学形式在逐渐增多，不进学校照样可以受教育和进行学习，这正符合现代社会终身教育的理念。另外学生可以通过各种现代教育媒体，根据自己的需要，制订计划进行学习。现代教育技术增加了利用多媒体网络教室进行的交互式网络教学，提供了自学辅导法、交互式教学法和微格教学法等，这样的教学方法为师生提供了集成的教学环境，便于教师进行讲授、测试、评分、答疑，也便于学生接受教师指导、提问、答题、查询、练习、交流，这些活动在网上都可以电子方式进行，教师以网络为媒介组织学习资源，组织教学活动，学生通过网络接受教师指导，还可以进行相互的协作学习和独立的自主学习。

（三）提高了学科教学质量

现代教育技术的应用，改变了传统的粉笔加黑板这种单一的教学环境，使教学媒体除了传统的文字教材、单价音像教材外，出现了以计算机为工具的计算机辅助教学（CAI），特别是多媒体教学课件，这些教学媒体与教学设计都有助于激发学生的学习积极性，合理使用教学媒体，使呈现的教学内容以其丰富、多样的形式，灵活、方便、感染力强的交互特点，引起学生的兴趣，通过教学过程与媒体组合的设计，可进一步激发学生的求知欲。另外，利用现代教育技术，可提供大量的音像教材等学习资源，学科教学过程中辅助使用这些内容和资源，有利于帮助学生形成概念，掌握规律，方便教师在课程教学过程中实现重点，突破难点，提高学生对知识的巩固程度。

三、现代教育技术教学模式

随着信息技术不断发展，现代教育技术教学模式逐渐变革了传统教学模式，改变了学习者学习途径，为培养学习者的创新性思维提供条件。教师通过运用现代教育技术，用非线性结构方式组织教学，将复杂多样的组织形式与信息内容相结合，把学习内容以开放、动态且结构化的认知形式提供给学习者，使其进入教师设定的特定环境中，激发其创新性思维。现代教育技术教学模式有很多，比如，现有的同步在线教学模式、异步在线教学模式、在线翻转课堂教学模式、基于学习社区的协作学习教学模式等，教师在实际教学中可以根据不同情境和条件采用不同的教学模式，以提升教学过程中学习者的学习效果。

（一）同步在线教学模式

同步在线教学模式是师生在不同空间的同一时间进行互动和教学的模式。这种教学模式可利用直播类的工具构建虚拟教室，以实现一对一或一对多的同步在线教学。直播系统的视频会议基本上能够满足同步在线教学模式的要求，直播系统集成群体授课所需要的多人视音频的交流、演示文稿的展示、文字研讨等功能，并能在手机、电脑等多种终端上进行显示。同步在线教学模式的核心特点为教和学的空间异地，时间同步。其常见的支持工具有企业微信、钉钉、CCtalk及Zoom等。

同步在线教学模式实施策略及其注意事项为：教师在讲解过程中，知识要有效嵌入情景，以培养学习者的问题解决能力；要以任务驱动推进学习者自我调控学习，培养学习者的自主学习能力；要进行基于同伴互评的小组合作学习，培养学习者的合作交流能力和思辨能力；要提供合适的学习框架，培养学习者的批判性思维能力；要以合作辩论促进学习者思维拓展，培养学习者的创造性思维能力；要适时、适机转换角色，加强对学习者的课后辅导。

（二）异步在线教学模式

异步在线教学模式是指教师的教学活动和学习者的学习活动在时空上是分离状态。该模式允许学习者灵活支配时间，并根据自身学习特点自我调节学习步调，实现4A（anyone、anytime、anywhere、anything）学习方式。异步在线教学模式包含五个环节，即录制教学视频、安排学习者选课、组织学习者实施在线学习或进行线上线下翻转课堂学习、安排专门教室组织线上和（或）线下学习活动、学习者完成学习任务和测评后可获得对应学分。代表性的有MOOC、SPOC和网络精品课等。

异步在线教学模式实施策略及其注意事项为：异步教学模式的关键是具备完整的教学活动设计，设计过程应从内容开放转向教育过程开放，从面向内容设计转向面向学习过程设计。在教学视频录制之前，教师应进行详细的教学设计，并持续更新学习内容；教师应重视学习支持服务，组织讨论、答疑、作业或作品展示等系列在线交互活动，提升学习者的学习投入度，使其保持学习的持续性；教师在课程开始前需结合课堂目标设计好评价方案，采取一些激励性评价措施，调动学习者的学习主动性。

（三）在线翻转课堂教学模式

翻转课堂又称为颠倒课堂、颠倒教学（Flipped Classroom）。传统学习方法一般是课堂接受教学内容，课下做作业强化，而翻转课堂则将“课上接受知识，课下强化知识”这两个过程颠倒过来，即“课下接受知识，课上强化知识”。在线翻转课堂教学模式中，学习者在课前通过线上观看微课、网上查阅资料、完成在线检测等方式，自学课程内容；在课中，教师主要解答学习者的问题、澄清相关概念、启发在线讨论以及引导学习者开展在线交流等活动，同时通过线上练习或者检测进一步强调、巩固、加深或延伸学习者的相关知识体系。在线翻转课堂教学模式可以依托企业微信、腾讯会议、钉钉等平台进行。

在线翻转课堂教学模式实施策略及其注意事项为：教师需要针对翻转课堂的特点进行精心设计，突出以学习者为中心，要强调小组合作，给予学习者充分的时间进行讨论，鼓励学习者挑战权威，进行创新；教师需精心设计教学内容和相关学习资源，为学习者提供丰富的多样化学习资源和学习支持；在课前自主学习阶段，教师可采取同伴互助、小组合作、游戏化学习等教学形式提升学习者自主学习的效率；在课中，教师尽量结合使用学情分析工具，了解学习者的学习状态，更有针对性地引导，提升学习者的学习效果。

（四）基于学习社区的协作学习教学模式

虚拟学习社区是一种重要网络教学形式，包括教学、社会互动和平台技术支持三个维度。学习社区不追求交互的实时性，但强调通过多种学习资源和异步交互提升学习者的认知。在基于学习社区的协作学习模式中，教师首先应确定讨论主题，提供相应的学习资源，设计教学活动，促进学习者讨论，自主检索相关资源，丰富讨论内容。其次，应基于学习者的讨论内容，生成学习结果，促进学习者进行知识迁移，使学习者深刻理解所学知识内容。整个过程中教师对学习者的参与过程进行整体引导、评价和反馈。基于学习社区的协作学习模式可以依托元平台、知乎平台、Knowledge Forum等平台进行。

基于学习社区的协作学习教学模式实施策略及其注意事项：学习社区平台提供的资源要丰富，其丰富程度将决定社区内成员的活跃程度和教学质量；学习活动设计要遵循社会性原则，学习者之间要借助社会性软件开展深度交互活动；在线学习活动设计要遵循整合性原则，将学习者的社会性学习环境与自主性学习环境进行整合；合作学习活动中可以有自主性学习环节，自主性学习活动中可以包含社会性学习环节；教师要帮助学习者构建学习社区的生态文化，形成集体性的知识沉淀、共享的价值观与行为规范。

（五）基于学情分析工具的精准教学模式

基于学情分析工具的精准教学模式，包括学情诊断、设定目标、在线教学、分析最近发展区、个性化补偿教学五个关键步骤。该教学模式主要包括几个环节，即基于数据、以学定教、因材施教、以评促教。学情分析的重要意义在于为教学预设提供基本依据和重要指导，为课堂教学活动的调节与生成提供重要反馈，为教学生成提供重要子资源，为教学理论与学习理论的生成提供丰富的素材和有益启发。学情分析的主要内容包括学习者的知识储备，学习者的能力素养，学习者的情感、态度和价值观，以及班级整体的学习情况。常见的学情分析平台包括智慧学伴、FiF智慧教学平台、云班课、学科网等。

基于学情分析工具的精准教学模式实施策略及其注意事项：教师要设计多元化评价方法，收集学习者的多模态学习数据，重点通过对学习过程的数据收集和分析，力求客观真实地反映学习者的学习情况；学情分析主体应包括教师和学习者，实现教师评价、学习者自评和生生互评三个方面；要为学习者提供及时反馈，将个性化分析报告推送至学习系统的学生端和教师端，便于学习者和教师查看个人学习评价与分析报告。

（六）基于专门学科工具的自主学习模式

自主学习包含自我监控、自我指导、自我强化三个子过程，强调自我效能和榜样示范在自主学习中的作用。专门学科工具可作为学习者认知发展的工具，为学习者提供学习资源、学习支架、学习指导等，从而支持学习者进行自主学习，帮助学习者对学习内容进行加工处理，构建自身知识体系。该学习模式中，学习者要自我确定明确的学习目标，确定学习任务，选择学习策略，根据自身个性特点做自主学习和自主探索，并进行评价反思。家长或教师可帮助学习者进行自我监控、自我指导和自我强化。基于学科工具的自主学习模式可以依托洋葱数学、英语流利说、三余阅读、美院帮等工具进行。

基于专门学科工具的自主学习模式实施策略及其注意事项：教师应为学习者提供优质的自主学习资源；在选择学科类工具时需考虑学科特点，以及学科工具与教学内容的融合程度；教师应采用同伴助学和教师指导等教学策略加强学习者的自主学习，增强学习者自主学习的意识和能力；为学习者提供操作训练机会，以强化学习者的知识获得，促进学习者的知识迁移；在自主学习过程中应加强学习交互，鼓励学习者与教师、学习同伴的交流讨论。

（七）基于专门学习网站的主题探究模式

基于专门学习网站的主题探究模式是学习资源网站为学习者提供丰富的学习支持，教师精心设计教案，学习者实施探索式学习的教学过程。学习者利用网站的交互功能进行师生交互、生生交互，从而完成协作探究性学习。该教学模式包含七个步骤，即根据课程学习需要，选择并制订主题学习计划；组织协作学习小组；教师提供与学习主题相关的资源目录、网址、资料收集方法；指导学习者浏览相关网页和资源，并对所得信息进行分析；根据需要组织有关协作学习活动；形成作品，要求学习者进行研究报告并展示；教师组织学习者通过评价作品，形成观点意见，进行意义建构。基于专门学习网站的主题探究模式可以依托中国科学技术馆、故宫博物院、WISE平台等网站进行。

基于专门学习网站的主题探究模式实施策略及其注意事项：教师要精心设计探究问题，强调把学习设计在复杂且有意义的问题情景中，通过学习者合作解决问题，促进学习者对所学知识的理解与建构；教师为学习者提供丰富的多样化学习资源，支持学习者多通道的知识获取，加强知识在学习者生活中的应用；教师作为指导者、引导者、合作伙伴，要遵循建构主义学习理论，体现学习者的主体性；采用小组合作学习形式，鼓励学习者进行生生交互，并及时进行反思等；教师采用多元评价方法，关注学习过程，实施形成性评价和表现性评价。

（八）基于问卷调查工具的操练与练习模式

操练与练习是由计算机向学习者逐个呈现问题，学习者在计算机上作答，计算机根据学习者的回答情况给予适当的即时反馈的过程。这种教学模式可提升学习者掌握某种知识与技能技巧的效率。运用问卷调查等工具，可将许多可视化动态情景作为提问背景，获得更有表现力的反馈。该教学模式主要包含精选习题、详析题干、思路板演、热议点评以及拓展延伸等环节。基于问卷调查工具的操练练习模式可以依托问卷星、腾讯问卷、UMU等工具进行。

基于问卷调查工具的操练练习模式实施策略及其注意事项：教师设计习题时，要遵循分层分类和贴近生活的原则，保证不同层次水平学习者的个性化发展，调动其学习兴趣；教师必须深入钻研教材，了解考试及大纲要求，掌握真实学情。教师应在认真批改作业的基础上，分析、筛选出学习者易错且具代表性的习题；教师应给予学习者及时的激励、纠正性反馈与指导，引导学习者准确掌握知识内容和技能。

（九）基于认知工具的支架式教学模式

支架式教学强调为学习者建构知识提供概念框架，教师需事先把复杂的学习任务加以分解，引导学习者深入理解知识内容，为学习者提供支架，不断提升学习者的知识水平。基于认知工具的支架式教学模式主要包含五个环节，即搭脚手架、进入问题情境、独立自主探索、学生协作学习、学习效果评价。基于认知工具的支架式教学模式可以依托GeoGebra、PhET、猿题库等工具进行。

基于认知工具的支架式教学模式实施策略及其注意事项：教师可以利用认知工具创设虚拟学习情境、游戏化学习情境、问题情境等。教师在为学习者提供支架时，要充分考虑学习者现有的知识发展水平，便于确定学习者的最近发展区。学习支架的搭建要循序渐进，要注意及时撤掉学习支架。在学习者协作学习中，教师要有意识地为学习者提供协作策略指导。

（十）基于互联网的互动教学模式

基于互联网的互动教学模式跟直播教学模式类似，但互动教学模式强调讲授时师生互动的多样性和丰富性。在该教学模式中能够建立教师、学习者与学习内容之间的多元化联系，实现“教师—学习者—内容”的多重交互。该教学模式支持学习者探索和发现相关知识内容，支持学习者进行小组协作和游戏化学习，提供练习和反馈，帮助教师开展质性评估。基于互联网的互动教学模式可以依托ClassIn在线教室、班级小管家、作业帮等平台进行。

基于互联网的互动教学模式实施策略及其注意事项：在使用互联网教学平台时，教师需要根据“课前、课中、课后”三个不同阶段调整教学内容，引导学习者对所学知识进行意义建构，形成个性化理解和思维，促进学习者自主学习。教师需要准备微视频、图文等网络资源，使学习者利用现代教育技术主动学习，并在教师的干预、引导下自主建构知识体系，系统有效地获取知识。教师需要精心设计教学环节，课前的预习要点与问题，课上随堂测验的考查重点和课后拓展领域，都应有周密的计划，以便将“课前预习，课上精讲，课后拓展”有机结合，促进学习者对知识的理解和运用。

第二节 现代教育技术学习方法

一、翻转课堂

翻转课堂学习将传统教学结构中“课上接受知识，课下强化知识”两个过程颠倒过来，课下学生通过观看教师制作的微视频学习课程内容，即“课下接受知识”，在课堂上学生通过做作业、小组合作、实验探究、讨论等多种方式进行知识内化，即“课上强化知识”。在课前阶段，教师向学生布置课前学习任务单，设计并制作教学微视频，并通过交流平台及时解答学生的疑难问题，学生通过计算机或智能设备观看微视频并完成学习任务单。课堂上，教师开展多样化教学活动，如课前任务检测、小组探究、讨论、布置作业等；学生需要全心、积极投入学习活动中。翻转课堂学习是一种有别于传统学习的新型学习方法，利于调动学生的学习积极性，培养学生的自主学习能力、合作能力。它强调信息技术支持下的学生自主学习、合作学习，对学生和教师均提出了较高的要求，对教师的教学设计能力、课堂组织能力、微课设计与制作能力等提出了更大挑战。

二、微课学习

微课是某个知识点的教学内容及教学活动的总和，包括按一定教学目标组织的教学内容，按一定教学策略设计的教学活动及进度安排。在具体教学中，微课讲授的知识内容呈“点”状，具有碎片化特征。微课学习是短时间、片段化的学习，主要以实用性学习目标为主，以解决实际问题为中心组织学习内容，学习内容仅针对某个小知识点或具体问题，包含的学习资源主要围绕某一主题展开。微课学习时长一般为2～15分钟，最长不超过20分钟。微课形式多样，可以通过视频、动画、图片集等一种或多种媒体组合的形式呈现。微课学习不仅适用于在个人计算机上进行的学习，还支持在各种移动终端，包括各类智能手机、PAD以及专业学习机上开展学习，并且可根据不同终端进行内容的自适应呈现。

三、混合学习

混合学习是把传统学习方式的优势和数字化学习的优势相结合，既能发挥教师引导、启发、监控教学过程的主导作用，又能充分体现学习者作为学习主体的主动性、积极性与创造性。该学习方法可看作面对面的课堂学习和在线学习两种方式的有机整合，能够充分发挥和利用在线学习和面对面课堂学习的优势，通过“混合”促进传统教学模式的变革。混合学习的核心思想是根据不同问题、要求，采用不同的方式解决问题，在教育领域即采用不同的媒体与信息传递方式进行学习，做到代价最小化，效益最大化。混合学习过程强调教师主导作用与学生主体地位结合，本质上是对信息传递通道的研究，关注如何依据低投入、高效能的原则选择信息通道。混合学习既体现信息时代的特征，又正视学习的传统本源。混合学习思想对教学设计理论和方法的研究，对绩效理论与技术的研究，对信息技术与课程整合的研究会产生深刻的影响。

第三节 数字化教学环境

一、校园网络

（一）校园网络概念

校园网是为学校师生提供教学、科研和综合信息服务的宽带多媒体网络。首先，校园网应为学校教学、科研提供先进的信息化教学环境。这就要求校园网是一个宽带 、具有交互功能和专业性很强的局域网络。多媒体教学软件开发平台、多媒体演示教室、教师备课系统、电子阅览室以及教学、考试资料库等，都可以在该网络上运行。如果一所学校包括多个专业学科（或多个系），也可以形成多个局域网络，并通过有线或无线方式连接起来。其次，校园网应具有教务、行政和总务管理功能。

（二）搭建校园网络要求

1. 高速的局域网连接

校园网的核心为面向校园内部师生的网络，因此园区局域网是该系统的建设重点，并且网络信息中包含大量多媒体信息，故大容量、高速率的数据传输是搭建校园网的一项基本要求。

2. 多样化的信息结构

校园网应用分为电子教学（多媒体教室、电子图书馆等）、办公管理和远程通信（远程教学、互联网接入、FTP服务、联网游戏等）三大部分内容。数据类型复杂，不同类型数据对网络传输有不同的质量需求。

3. 网络系统安全可靠

校园网中同样有大量关于教学和档案管理的重要数据，不论是被损坏、丢失还是被窃取，都将带来极大的损失。

4. 操作方便，易于管理

校园网面积大、接入复杂，网络维护必须方便快捷，设备网管性强，方便网络故障排除。

5. 认证计费

学校对学生上网必须进行有效的控制和计费策略，保证网络的利用率。

总的来说，校园网网络系统从结构层次上分为核心层、汇聚层和接入层；从功能上基本可分为校园网络中心、教学子网、办公子网、宿舍区子网、图书馆子网等。根据校园网用户数量的多少和网络应用的情况，可以分为大型校园网、中型校园网、小型校园网三种。基于上述校园网的特点，在设计校园网络时必须充分考虑网络的先进性、标准化和开放性、可靠性和可用性、灵活性和兼容性、实用性和经济性、安全性和保密性、扩展性和网络的灵活性等特性，充分利用有限的投资，建设一个性价比比较高的综合性网络。

（三）校园网建设原则

1. 先进性原则

先进的设计思想、网络结构、开发工具，采用市场覆盖率高、标准化和技术成熟的软硬件产品。

2. 实用性原则

建网时应考虑利用和保护现有的资源、充分发挥设备效益。

3. 开放性原则

遵从国际标准，系统设计应采用开放技术、开放结构、开放系统组建和开放用户接口，以利于网络的维护、扩展升级及与外界信息的沟通。

4. 灵活性原则

采用积木式模块组合和结构化设计，使系统配置灵活，满足学校逐步到位的建网原则，使网络具有强大的可增长性。

5. 可靠性原则

具有容错功能，管理、维护方便。对网络的设计、选型、安装、调试等各环节进行统一规划和分析。

6. 强性价比原则

不要一味追求最新，还要考虑当前实际需要，选择合理的设备搭配，使达到良好的性能价格比。

7. 安全性原则

包括两个方面，一是网络用户级的安全性；二是数据传输级的安全性。网络用户级的安全性应在网络的操作系统中予以考虑，而数据传输的安全性则必须在网络传输时解决。

（四）校园网络的应用

1. 实现学校的科学管理

学校利用网络平台的信息化功能优势，可以建立一整套科学管理手段和自动化管理方式，实现学校管理系统化、科学化、公开化。它可用于课程管理、学生成绩与学籍的管理、图书资料管理等教育教学的管理，也可以进行档案管理（含人事、教师档案等）、处室管理、总务后勤管理、财务管理等。校园网也使学校教育的视野更加宽阔，使学校的管理方法更加灵活，更有针对性、实效性。

2. 提高教师的教学水平

学校建成校园网后，通过一系列的现代教育技术培训，全体教师都能用计算机来备课，用独立制作课件来上课，能熟练地上网查询信息、收发电子邮件。计算机网络技术的应用，提高了教师的自身素质，更新了教学观念，开阔了视野，让他们有更加便捷的途径参与到课程改革的探索中来，接触到教育教学改革的前沿。

例如，过去的备课由于时间、资料、信息等方面的制约，教师往往得不到最新的、广泛的资料，这样备出来的课大多是枯燥的、静态的，很难培养出有创新能力的学生。互联网上内容丰富、翔实、生动、新鲜的信息资料给教师以极大的启发，帮助他们备出一节又一节形象生动、信息丰富、学生感兴趣的课来，教师也可以通过网络向全国各地的同行请教，交流教学中的一些问题。

3. 转变学生的学习方式，培养学生的能力

新课程标准要求转变学生的学习方式，让学生进行探究学习、自主学习和合作学习。校园网为学生提供了非常丰富的学习资源，而且这些资源都是按照符合人类联想思维特点的超文本结构组织起来的，因而特别适合学生进行探究式学习。计算机网络的人机互动功能，为学生构建了信息丰富、反思性强的自主学习环境，它可以“适应差异”和“促进发展”，学生根据自己的需要提取个别化学习资源，根据自己的学习能力适当放慢或加快学习进程。同时利用网络得天独厚的信息传递和交流优势，学生可以经常交流学习成果和心得，从伙伴的观点中得到启发、获取知识，他们相互帮助、协同作业，达到了“资源共享，集思广益”的最佳学习目的。利用校园网，转变了学生的学习方式，不同层次的学生都能顺利完成学习目标，学生的个性特长和品质得到充分的发挥和张扬。校园网还打破了学校的时空限制，学生随时随地都可以上网满足自己的学习欲望和要求，为学生发散性思维、创造性思维的发展和创新能力的孕育提供了肥沃的土壤。

4. 架设起学校、社会、家庭一体化的交流平台

网络进入校园将学校、社会和家庭紧紧联系在一起，实现了教师、学

生、家长之间的直接信息交换和各种活动的开展，所以校园网络成为发展教师和学生自由个性的广阔空间。可在校园网通过开展教师之家、教育随笔、热点讨论加强教师与教师之间的交流，通过开展名师课堂、在线学习等加强教师与学生之间的交流，通过开展团队之窗、班级网站加强班级与班级之间、学生与学生之间的交流，通过携手成长、成长加油站等加强学校教师与家庭之间的交流。还可在不同时间段适时开辟五四专题、考试专栏、校运会专栏等等。这些特色栏目的开设，不但给学生提供了个性化发展的舞台，也给老师、家长们提供了走近学生心灵的新手段。校园网真正架设起了社会与学校，家长与学校交流感情的桥梁。

二、多媒体教室

（一）多媒体教室的组成

多媒体教室由多媒体计算机、液晶投影机、数字视频展示台、中央控制系统、投影屏幕、音响设备等多种现代教学设备组成。它的硬件是由教师使用的计算机、学生使用的学生计算机组成的一个计算机教室。

（1）多媒体液晶投影机。是整个多媒体演示教室中最重要的也是最昂贵的设备，它连接着计算机系统、所有视频输出系统及数字视频展示台，把视频、数字信号输出显现在大屏幕上。

（2）数字视频展示台。可以进行实物、照片、图书资料的投影，是一种非常实用的设备。

（3）多媒体计算机。是演示系统的核心，教学软件都要由它运行，而且在很大程度上决定演示效果的好坏。

（4）中央控制系统。中央控制系统用系统集成的方法，把整个多媒体演示教室的设备操作集成在一个平台上，所有设备的操作均可在这个平台上完成。

（5）投影屏幕。用于和投影机配套使用。

（二）多媒体教学设备的功能

1. 中央控制系统

将多媒体教室各种媒体进行有机控制，通过中央控制面板来操作，选择媒体、切换媒体。多媒体计算机及校园网：投放电子幻灯片；演示多媒体课件，交互教学；实现网上视频点播，做到网络资源共享。

2. 投影机

能支持RGB、S-Video信号，能将电脑、展示台、影碟机等媒体的信号投影到银幕上，多媒体教室的投影机一般亮度达3000ANSI以上，分辨率高于800 × 600。

3. 视频展示台

摄取展示文稿讲义、图片照片添本模型、实验器皿等等图文资料和小型实物，摄取展示幻灯投影片，替代传统的投影仪、幻灯机的功能。由于它能够摄取实物，大大地拓宽了它的使用范围，方便了教学。

4. 影碟机

便于在教学中穿插播放影视资料、播放电视录像教材。

5. 无线话筒及音响设备

完成教师授课扩音；扩放电视录像、多媒体课件、视频点播的声音信号。

（三）多媒体教室的应用与教学使用

1. 应用

中央控制系统一般应用在多媒体会议室、电化教室、监控及指挥中心，新闻发布室等、环境控制。以多媒体会议室为例，中央控制器作为所有电教设备的控制中心。教室内所有的电教设备如：录像机，影碟机，投影机，电动屏幕，音响，还有室内灯光，窗帘都可以与中央控制器相连，受其控制。用户只需要坐在触摸屏前，便可以通过明控科技系统直观地操作整个系统，包括系统开关、各设备开关、灯光明暗度调节、信号切换、信号源的播放和停止、各种组合模式的进入和切换、音量调节，以及对用于扩声的会议音响系统；用于讨论、表决、投票的明控数字会议及同声传译系统；用于远程会议的视频会议系统；用于视频、VGA信号显示的大屏幕投影系统；用于提供音视频信号的多媒体周边设备；用于全局环境设施、系统设备控制等系统的全自动综合控制等。

2. 教学使用

交互式电子白板（Interactive white board），是一种新型教学媒体。它方便地将计算机和实物投影仪、数码投影仪和网络连接起来，并内置了丰富资源。使用这种媒体，教师可以在白板上直接操作计算机，直观地将思维过程呈现给学生，同时使得学生可以通过它来呈现自己的学习过程，从而把教师从受制于讲台前计算机操作的状态中解放出来，增加师生互动空间，加强技术对于学生个体学习和社会协商的支持。同时，交互式电子白板中强大的表征、保存挂图、拍摄和抓图等功能，为教师提供了更加便利和人性化的信息技术教学工具。

具体使用方法如下：

首先，把墙边上的电源开关打开。

其次，再把讲台左下角的电源开关打开。

再次，把中控台电源开关打开。

然后，在桌面上控制面板上，连续按两下投影仪电源开关，把投影仪打开。

最后，把电脑电源开关打开就可以使用了，电脑显示的内容就会显示在投影幕布上。

当然，我们在电脑上使用的媒体是多种多样的，可以是文字、声音、图片、视频和动画。使用素材和课件的形式可以通过优盘存取、可以通过光驱播放，通过网络调用其他电脑上的内容，还可以从网络上收集各种素材或直接演示。

三、多媒体网络教室

（一）多媒体网络教室的概念

多媒体网络教室是把计算机技术、多媒体技术、网络技术和现代教学方法有机结合起来的一种辅助教学系统。它一般指学生一人一机并且相互联网的教室。在这样的环境中，学生机可以是无盘工作站，每个工作站可以共享安装在服务器上的各种软件，而且可以对服务器的硬盘空间进行规划，并限定学生的使用权限，进而防止初学者误删重要软件以及一些保密的重要信息。目前，随着计算机技术和网络技术的发展，多媒体网络教室已发展成为由一台教师机、多台学生机组成的局域网络加上多媒体电子教室软件来实现，并且与网络相连。国际上普遍认可的多媒体网络教室结构是U型结构，这种结构的优点在于学生不相互影响视线，而且交流方便。

（二）多媒体网络教室的教学功能

多媒体网络教室适应了多媒体时代教学的要求，它可以提供多种网络化的教学环境，帮助教师有效应用多媒体教材，进行多元化教学，以及多形式、方便快捷的教学活动。具体地讲，它具有以下教学功能：

1. 演示功能

教师可以将教师机或学生机上的教学信息同步播放到全体学生机或部分学生机上。该功能可用于教师教学内容的演示或学生操作练习中典范问题的示范。

2. 电子举手

即学生可通过学生机向教师机发出信号，进行提问。

3. 个别辅导答疑

指教师可以通过教师机控制并查看任一学生机屏幕，并对学生进行辅导答疑。

4. 小组讨论

教师可以划定任一部分学生为一组，可以自由讨论某一话题而不影响其他组。

5. 语音对话

教师和学生可以通过麦克风、耳机进行双向对讲、分组对话讨论等。

6. 监控管理

就是可以通过教师机可以看到教室中任一学生机的当前操作，检查学生的学习情况，并可以随时开启/关闭学生机或学生机某一工作程序。

（7）屏幕录制与回放

教师或学生可以自主录制讲课时屏幕演示的内容，并根据需要随时进行回放，方便学生学习。

（8）自主练习和网络共享。学生可以自由操作计算机，并利用网络开展自主学习。还可以将练习结果提交或共享，以便最大限度地利用教学资源。

（三）多媒体网络教室的设计原则

1. 先进性和实用性原则

多媒体网络教室系统的设计和配置应遵循适用性和适度超前的原则。从教学的实际需求出发，注重实用功能。同时，也要考虑到将来发展的需求，使建成的多媒体技术平台与时代同步，保证现在使用和将来发展的设备兼容性。

2. 较强的扩展性原则

在网络设计时，要满足标准化、可靠性、安全性和可扩展性的要求。系统的设计采用以太网等交换技术，网络结构的层次要符合学校信息网络系统的规划。多媒体教室预留标准的网络接口，使建成的网络有很好的兼容性，能够实现校园网、互联网和远程教育网络连接。并且支持将来的扩容和升级，为将来的发展打下良好的基础。

3. 易操作、易管理原则

采用先进的中央控制系统和多媒体管理软件，可实现多媒体教室各种教学设备的集中控制和管理，通过简单的操作就可控制相应的设备，操作方法简单、使用安全可靠。运用网络多媒体教学管理软件可轻松实现多种教学功能的切换、系统的维护和管理。

（四）多媒体网络教室的应用

大家公认计算机辅助教学的难点之一是如何创造学生的自主学习环境。经验证明，使用多媒体网络教室有助于问题的解决。在多媒体网络教学的环境中，教师可以利用网络的广播功能，通过多媒体教学信息的呈现，完成班级集体授课，也可以通过点对点的操作与学生交流，针对不同程度的学生布置不同的学习内容，并且实施有针对性地辅导，这种师生间的交互作用既有助于构造学生自主学习的环境，也便于收集反馈信息，这些都有助于改善课堂教学的协调性与适应性。

1. 课堂教学中的应用

课堂教学一般可分为教师讲课和指导学生练习两大方面。教师讲课多是强制性的，要求学生必须听讲，可以通过计算机网络环境的一对多广播操作来实现。在广播教学模式下，所有学生的键盘被封锁，学生操作被强制性地中断，然后教师通过多媒体网络教学软件将自己屏幕上的教学信息实时地传递到各个学生机，学生机屏幕上的显示内容与教师机同步。使用这种实时传递屏幕的方法，可同时满足实时性和强制性的要求，很方便教师讲课。

教师指导学生则是一对一的过程，它不仅要求学生在练习过程中能向教师提出问题，而且要求教师能对不同程度的学生布置难度不同的学习内容，并且能够及时提供指导意见，这种一对一的过程在网络中可通过点对点的操作来实现。在个别指导的教学模式下，教师可以选择需要指导的学生机进行查看和辅导。进行指导操作时，不仅要求学生机屏幕上的内容能在教师机上显示，而且要求教师机能实时地将指导信息传递给学生，这样在教师的指导下，学生机屏幕上的内容能发生相应的变化。利用多媒体网络教学系统提供的键盘与鼠标交互功能，提供的师生文字、语音的交谈功能，很方便教师指导学生。综上所述，多媒体网络教室的优势在于形成课堂教学的闭环结构和具有个别化教学的能力，而这两点正是传统课堂教学所缺少的。

2. 在多媒体辅助教学中的应用

多媒体教学系统可存储和传播大量信息，多媒体的教学设计配合多感官的学习，不仅大大提高了教学密度，而且由于符合认识规律，必然加速学习进度，促进学生对知识的理解和记忆，激发学习动机，从而提高学习效率。常见的教学媒体使用方法有以下几种：

（1）积累资料法。平时将与教学有关资料（包括背景材料）以多媒体形式存入电脑，教学时根据需要选择其中的一两个镜头或片段在课堂上播放。

（2）再现过程法。把教材中的复杂过程通过多媒体形象地展示出来，以帮助学生理解。

（3）控速展示法。把漫长的过程快速地展示出来，或是将稍纵即逝的过程慢速地播放出来，其中可以使用定格技巧。

（4）动态展示法。教材中有许多静态图形图像，其中隐含运动变化的因素，揭示图形图像的丰富内涵，使其动态化（二维三维动画或图形图像变换），以便全面深入地揭示事物的本质。

（5）创设情境法。借助多媒体技术，创设教学情境，引导学生进入意境，将教学引向深入。

（6）激发兴趣法。利用多媒体直观形象丰富多彩的特点，进行多感观的学习，激发学生的兴趣，启迪学生的智慧。

多媒体的使用应注意针对性和适度性，切不可滥用。虽然多媒体技术以其声画并茂，形象直观吸引着学习者，正确运用多媒体技术会提高教学效率。但是，视听的形象直观也会给学生带来消极影响。心理学研究表明，在教学过程中当学习者持续注视屏幕画面时，头脑活动会减慢（二十分钟后脑电波呈现大脑活动趋于睡眠状态），思维受屏幕内容的抑制，教学中过度运用多媒体技术会使学习者主动性降低，想象力和抽象思维能力减弱，课堂教学如何合理运用多媒体技术，是我们面临的新问题。

3. 在网络教学中的应用

网络环境下的自主学习比传统课堂教学更能促进师生之间的交流与合作，这种新的教学模式会促使教师的观念和行为发生深刻变化，教师们会感到自己更多是一个管理者和引导者，而不是说教者，这就从根本上改变了传统的师生关系和交往模式。

多媒体网络教室实施的网络化教学，主要由提出任务、创设情境、自主学习、协作学习、意义建构、反馈调控六个环节组成。

（1）提出任务。分析教学目标，确定学习内容，提出本课或本单元要完成的任务，以任务为中心组织课堂教学，学生通过学习操作实践去完成任务。教师提出的任务的难度应以大多数学生能通过为宜，并应具有层次性，以适应能力不同的学生。

（2）创设情境。情境是指使学生进行意义建构所需要的外部学习环境。在该环节中，教师要创设与当前学习主题相关的情境，并提供相应的网上资源和支持，营造学生主动学习的良好氛围。

（3）自主学习。在这环节，学生可根据自身的水平，寻找适合自己能力的学习起点、学习任务的难度、学习资源及学习目标，扩大学习活动的自由空间，解决个体差异的需求问题，使每个学生的潜能得到最有效地开发。

在这一环节学生学习主体的作用得以充分发挥，学生有多种机会在可控制的情境下去应用他们所学的知识，并能根据自身行动的反馈来形成对学习内容的认识和实施完成任务的方案。在自学过程中学生如有困难和问题，教师要有意识让学生利用在线帮助去寻求解决问题的方法，培养学生探索软件功能的能力，或通过网络功能控制学生屏幕，与他进行双向交流和辅导。

（4）协同学习。教师根据需要将学生分组，组内多个学生针对同一学习内容彼此交互合作与支援，对问题解决方案进行探索，共同完成学习任务，达到对教学内容比较深刻的理解和掌握。在这一环节，教师可以利用网络的群组功能，组织学生使用互联网及教学资源中心的网络资源，开展小组合作探索、协商讨论、模拟通信等学习。也可以安排各个小组在网上搜集资料，讨论分析完成任务的可行方案，共同协作完成学习任务。在这个过程，学生商讨制定解决问题完成学习任务的计划，互相交流学习心得、交流使用软件的各种技巧，既在小组内合作学习，也在小组之间进行合作，小组成员在亲和、协商、讨论、认同、感染中获得最有效的学习效果。此环节可培养学生的团队精神和协同解决问题的能力。

（5）意义建构。意义建构是学习过程的终极目标，所要建构的意义是指知识或学习主题的意义，即事物的性质，规律以及事物之间的内在联系。在这个环节，学生根据教学目标的要求，汇报学习成果并进行总结评价。在教师指导下学生归纳总结正反经验和知识的规律性，把所学知识同已有知识结构重构，促进知识迁移。

（6）反馈调控。最佳的网络化的学习进程，应是在网络学习的空间，从起点不断向学习目标逼近的一条直线，当学生在学习过程中偏离了学习目标的方向，就应引导他们，拨正方向，实现有效的学习，这就是反馈调控。在网络化学习模式中，构造出教师与学生之间、学生与学生之间、学生与网络系统之间的三个反馈回路，学生根据反馈信息，补充和完善原有的认识，不断修正解决问题的方案，实现有效的调控。

总之，多媒体网络教室代表了电脑教育网络化的发展方向，它涵盖了计算机室、语音室和电化教育视听室的大部分功能，目前已成为现代教育技术的一个重要体现，是21世纪创新和优秀人才首要的和必要的教学认知工具，它的应用，势必会带来许多新的教学理念和教学模式的变革。

四、智慧教室

（一）智慧教室的概念

国内外对智慧教室的研究，最早在2003年开始，对其智慧教室的概率的界定和描述也不尽相同。综合各方的研究内容，对智慧教室的概率的定义存在一个共同的认知就是为提高学习者的学习兴趣和效率，积极利用新兴的信息化技术建立教与学的环境。所以智慧教室是将多媒体技术、物联网技术、大数据技术等新兴信息技术，以增强师生互动为主要核心，提供个性化教学，智能化学情分析管理，实现虚拟教学环境与多元化交互教学的物理环境深度融合的教学场所。

（二）智慧教室的设计

1. 智慧教室的设计思路

智慧教室的构建是采用教学法 + 空间 + 技术的PST框架为设计理念，通过打造“建构—交流—协作—连接—创造”5维度学习环境系统，实现信息化教学、智慧教学的有效融合，为信息化教学建设提供新的思路。

2. 智慧教室的架构设计

整个智慧教室围绕StarC云平台进行构建，提出了智慧教室“三位一体”模型框架。该模型主要由顶层交互应用层、中间层资源服务层、底层物理设施层三个层次构成，实现社区空间讨论，教学资源空间共享，物理设施为依托的三位一体的智能化、信息化的教学环境。

（1）交互应用层。其主要特点是为教师教学、学生学习、师生研究等多元化的教学形式提供了平台。学习对象包含了学生、教师、社会人员等，既有传统讲授又有现代智慧学习，通过自主或协作学习形成了云端学校，增强其应用面，提高了智慧教室使用效率。

（2）资源服务层。其构成主要是通过基于云计算将各应用软件、电子教学资源以及在线学习管理系统等教学资源进行有效集成，师生可以实现移动平台，例如笔记本、智能手机、平板电脑等移动终端互联互通，形成统一的信息管理平台，其核心功能包括：智慧课堂教学平台与工具配备、教室智慧环境管理、学科资源制作与共享、教学数据采集与分析等，建成一个随时随地、虚实结合的个性化学习空间。

（3）物理设施层。物理设施层主要包括教室基础设施、多媒体教学设施、网络与感应设施以及相应的软件系统。智慧教室的设施主要包含物理空间布局、桌椅、智能录播设备、视频会议设备、智能录播设备、后台监控管理系统等。

智慧教室“三位一体”模型基本包含了多层次远程教学、教学内容、资源管理、学习记录以及教学环境管理的等多方位智能化管理系统，是信息化教学建设的主体功能体现。

（三）智慧教室的实现

智慧教室环境主要包含基础设施层的硬件环境和管理层的软件环境。在实际建设过程中，必须将硬件环境和软件环境建设有效结合起来，相互配套，才能将智慧教室的功能发挥到最大作用。

1. 硬件环境的实现

（1）结合实际教学需要，从教室空间布局和信息化新技术两个方面综合考虑。智慧教室的教室端需要和以上两个方面进行有效融合。根据专业教学特点和学生的实际特征，建设中需要按照“注重互动，模块搭配”为准则，使智慧教室实现互动交流、远程教学、小组讨论、学情分析、课程录制等多形式的交互呈现的智慧教学模式，形成教学常规和特色教学协调发展的教学体系。

（2）在智慧教室的建设中需要充分考虑物联网系统的应用。既有本地的智能控制应用，还需要为远程应用和管理提供必要的硬件支持。例如网络接入、光照传感器、射频识别、人体识别等传感装置，实现智慧教室的远程教学控制等功能。将教室端的各传感器装置通过网络接入校园网中，实现教室硬件环境的智能化管理。

（3）将信息空间与物理空间进行有效融合，运用校园网的全面覆盖，实现师生可以在任何时间和地点，访问智慧教室终端设备，实施远程教学、智能化教学。

2. 软件环境的实现

为了更好地发挥智慧教室的硬件环境设置，必须配套与其相对应的软件系统。软件系统主要是运用云平台作为技术支撑，通过可视化硬件综合平台，将新型的运行管理模式应用到智慧教室的管理、资源以及服务要素中，建立统一的接口系统，认证系统以及权限管理软件环境中。根据目前主流的智能教室软件系统可将其分为6个系统，实现对可视化管理平台进行模块化和层次化的结构设计。

（1）教务支持系统。该系统主要是将云平台和教务管理、师生身份认证以及一卡通等系统进行对接。实现电子课表、师生考勤、学情分析、教学评估、教务消息等教务工作的智能化服务功能，建立一个智能化服务信息体系和教务管理系统。

（2）云桌面系统。该系统实现师生可以随时随地运用任何终端设备，通过身份认证系统登录访问个人的云桌面，查看教务信息以及智慧教室的使用情况。云桌面支持远程可视化教学管理，可节约教室的维护成本，实现虚实结合，线上线下相结合。

（3）录播管理系统。录播管理系统是智慧教室必备的功能之一，该系统具有自动化高清视音频的录制和采集功能，同时应该包含课堂教学多画面呈现录制功能。也可根据学校的自身教学需求，将资源进行网络共享，实现教学资源高效利用，让学生进行自主学习。

（4）数据存储系统。该系统主要是将录播数据、智慧教学各传感器采集数据、软件服务数据、教学数据以及维护管理、教务数据等进行有效存储和管理。数据安全是该系统的核心问题，需要建立相对应的安全保障措施。

（5）远程互动教学系统。在线教学是当前研究的热点问题之一，建立互联网实时互动在线视频教学平台也是智慧教室的重要特征。运用信息技术和云技术，打破时空的限制，为开展远程网络教学和培训提供了技术支撑，同时也提高了信息化教学水平。

（6）智能化管理系统。该系统实现对多媒体设备、可视化系统、互联教学设备、网络管理系统进行设备的状态的实时监测，及时做到故障诊断、预警和资产使用情况的智能分析。通过该系统达到教学过程的全方位的感知，实现智慧管理，使智慧教室的使用达到最佳状态，为良好的教学环境提供有力的保障。

五、微格教学系统

（一）微格教学的概念

微格教学（microteaching），意为微型化教学，通常又被称为“微型教学”“微观教学”“小型教学”“录像反馈教学”等。它是由美国斯坦福大学艾伦（D.Allen）教授等人创立的一种利用现代化教学技术手段来培训教师的实践性较强的教学方法。它以现代教育理论为指导，通过视听技术和反馈，按照严格的程序，对师范生和在职教师轮流进行培训，从而使他们更好地理解教学过程和掌握教学技能的一种教学技术。艾伦将微格教学定义为：“它是一种缩小了的可控制的教学环境，它使准备成为或已经是教师的人有可能集中掌握某一特定的教学技能和教学内容。”根据实践体会，我们认为：“微格教学是在有控制的条件下进行学习的实践系统。它是以现代教育教学理论为指导，利用现代视听技术，通过反馈评价，以集中解决某一特定的教学行为技能为目的，对教师教学技能进行系统训练的方法。”微格教学具有如下特征：

由少数学习者（5～10人）组成“微型课堂”，以真实的学生或受训者的同学充当“模拟教师”和“模拟学生”，使课堂微型化；把教师教学技能分解为若干个环节，学习者根据训练目标，选择一小段“微型内容”进行教学设计并编写教案；被训练者利用5～10分钟的时间进行一段“微型课程”的教学实践，从中训练某一两项教学技能；在进行“微型课程”的教学实践过程中，利用视听设备系统将实践过程记录下来。

微格教学技术自诞生后，得到了迅速推广和大量研究，尤其受到各国师范教育界的重视。在欧美，微格教学已成为教师培训的基本课程。

（二）微格教学系统的组成

微格教学是在有控制条件下培训师范生和在职教师教学技能的一种方

法，微格教学系统是一个可控制的实践系统，他主要由微格教室、控制室组成。

1. 微格教室

一般的微格教室装有话筒、摄像头、电视机。话筒用来拾取训练者的声音；摄像头用来录取训练者的活动过程，一般的，每个微格教室装有摄像头3个，摄像头由控制室控制；电视用来播放训练者的教学过程，以便进行教学评价。微格教室还配有多媒体教学系统，用来播放课件、电教教材。微格教室的所有设备都和控制室相连，可以在控制室控制。

2. 控制室

控制室装有视频切换台、调音台、录像机、监视器。为了操作方便，录像机一般是硬盘录像机，输入输出有模拟和数字两种接口，录像机既可以录制每一台摄像头的画面，也可以录制经视频切换台的信号；调音台用来控制训练者和学生的声音大小。监视器用来监视每个摄像头的工作位置和情况，以便控制摄像头。从微格教室来的信号（视音频）分两路，一路送往录像机，另一路送往观摩室，供同步评价分析。

（三）微格教学系统的应用

微格教学系统的应用需要按一定的程序对学生进行特定教学技能的训练。微格教学的程序包括如下几个基本步骤。

1. 确定训练目标

即明确通过训练要使学生了解每一项教学技能的理论和方法，并掌握各个技能的执行程序和实施要求。通过多次实践、评价、修改，使技能趋于完善。并通过综合训练，形成课堂教学能力。

2. 学习和研究教学技能

在进行微型教学实践前，应先组织学生对各项教学技能的有关理论、方法程序、实施要求进行学习研究，以便为进行教学设计和实践打下基础。

3. 观摩有关教学技能的示范材料

通过播放反映某项教学技能的示范性录音、录像资料，或一些优秀教师的课例实录，使学生对教学技能的事实、观念、过程、操作程序有形象化的了解，使学习者获得不同风格的教学技能模仿的样板，使训练目标和要求更加具体化。

4. 编写微型教学教案

编写教案是进行教学技能训练的重要环节，是实现训练目标的保证。它能使被训练者更规范、有效地掌握教学技能。教案的具体内容通常包括：教学目标、时间分配、教师教学活动行为、设想的学生学习行为、计划应用的主要教学技能等。

5. 讨论评价，修改教案

指导老师、评价人员、学生角色都要从各自的立场来评价实践过程，有不同看法时可重放录像，帮助形成较为统一的意见。微型教学的评价应以总结优点为主，使被训练者建立自信心，也要提出不足和努力方向，以便改进。最后评价人员要根据自己的判断填写评价单，给出具体结果。

6. 再实践

经过评价，已经达到基本要求的可进入下一技能的学习，实践新的教学技能。未达到要求的则需要重新进行教学计划，准备再实践。

第二章
游泳与现代化信息技术

第一节　游泳的起源与发展

据史料考证，远古时代就有了游泳活动。古代人类在布满江河湖海的地球上生活、生存，必然要和水打交道，他们在长期的生产劳动和与大自然的抗争中，在捕捉鱼类和水鸟为食的过程中，模仿青蛙和鱼类在水中浮游的动作，逐步学会了游泳。古希腊人为了使智力和体能得到全面发展，把游泳列入健身项目之一。从希腊出土的公元前570年前的一只花瓶上，就能看到绘有类似现在爬泳（自由泳）动作的图案。

古代的欧洲，游泳不但是民间健身和娱乐活动，而且是军事训练得内容。公元6世纪，拜占庭作家马费利基谈到古斯拉夫的战士时这样说："他们善于渡河，沉在芦苇丛生的河底，用芦苇管呼吸，躲避敌人达数小时之久。这方面他们胜过了一切。"

现代游泳运动起源于英国。1828年，在利物浦乔治码头修建了第一个室内游泳池；1837年，伦敦成立了第一个游泳组织；1868年1月，在伦敦成立了大城市游泳俱乐部（英国优越协会的前身）。至此，英国将游泳作为专项运动项目固定下来。

19世纪中叶以后，游泳运动在澳大利亚、新西兰、德国、荷兰、奥地利等国家和地区相继得到开展。1896年，在雅典举行的第1届现代奥运会上已设有男子100米、500米、1200米三项自由泳比赛项目，1912年第5届奥运会又开设了女子项目。1908年，在伦敦第4届奥运会上正式成立了国际业余游泳联合会，并正式审定游泳世界纪录。在奥运赛场上，是仅次于田径的体育大项。

我国是世界文明古国，游泳历史亦源远流长：在出土的距今5000多年前的陶器上，就刻有人潜入水中猎捕水鸟的爬泳图案；4000年前，夏禹治水时与洪水搏击也发明了不少泅水方法；2500年前，《诗经》中就有“就其深矣，方之舟之；就其浅矣，泳之游之”的记载；《淮南子·说林训》中，也有：“游者以足蹶、以手拨”的记载，对游泳方法进行了概括描述；魏晋时期也有“拍浮”游泳之说。现今民间流行的“狗爬式”“扎猛子”“鸭儿扑水”“大爬泳”等游水技法，恐怕就是“足蹶”“手拨”“拍浮”的沿革和发展。

现今出土的春秋战国时期的铜壶，上面雕刻的水陆攻占图中就有游泳姿势，说明那时人们已经将游泳列为军训的内容。

隋唐时期，水上运动得到发展，宫廷建有供游泳、跳水、抛水球用的“水殿”。宋代孟元老所著《动静梦华录》中，就有宋徽宗赵佶经常驾车到“水殿”观赏“水秋千”表演和游泳竞技的记述。

我国游泳比赛始于汉魏时代，而现代游泳竞赛活动则是始于19世纪末和20世纪初。但是因为多种原因，运动普及不广，成绩也不理想。中华人民中国成立后，在党和国家倡导的普及和提高相结合的方针引导下，我国游泳成绩大幅度提高，到了1954年已经全部刷新了旧中国时期的游泳纪录。而今天我国的游泳水平不但称雄亚洲，也令世界刮目相看。1953年，在布加勒斯特第四届世界青年学生联欢节的游泳比赛中，我国选手吴传玉以1分06秒00的成绩获得男子100米仰泳冠军，为中国在世界游泳比赛中第一次夺得了金牌。1957年，戚烈云用腿部为主要推进力的“高航式”泳姿，以1分11秒60的成绩打破了男子100米蛙泳世界纪录。1958年，穆祥雄用宽蹬和稍屈臂划水的“半高航式”泳姿，分别以1分11秒40、1分11秒30和1分11秒10的成绩三破该项目的世界纪录。1960年，莫国雄又用加强臂划水力量的“平航式”泳姿，以1分10秒00的成绩再次打破该项目的世界纪录。这些年来，我国游泳成绩更是大幅度提高，轰动了整个世界泳坛。1992年在巴塞罗那举办的第25届奥运会上，中国女子游泳“五朵金花”团结拼搏，夺得4金5银的好成绩。我国女选手罗静宜和贺慈红，在1994年9月分别以54秒01和1分00秒16的出色成绩，分别刷新了女子100米自由泳和100米仰泳的世界纪录。1997年2月，在一年一次的世界杯短池（25米）游泳系列赛中，尽管中国游泳队还处在调整恢复的训练阶段，但仍获得金牌12块、银牌16块和铜牌16块。比赛中，我国女选手还以1分00秒63的成绩，打破了瑞典游泳者1992年创造的1分06秒03的100米混合泳的世界纪录。2004年8月第28届雅典奥运会，我国女选手夺得2枚金牌。

如今，游泳运动已经是许多学校体育课程中的重要内容，一些大学把游泳作为学生未来生存技能进行培养，要求学生必须掌握。因此，游泳运动在各级各类学校蓬勃开展。

第二节　游泳的意义

游泳是一项很好的健身运动，它融水浴、空气浴和日光浴于一体，是强健身心、娱乐休闲、度假交友的一项有益的运动。

一、提高身体机能

坚持游泳锻炼，能增强人的神经系统功能，提供肌肉生长，明显提高人的力量、速度、柔韧、耐力等身体素质；由于经常在水中锻炼，体温调节机能改善，机体对外界气温变化的适应力也有明显的增强；经常参加游泳运动，使心脏得到很好的锻炼，使心肌逐渐发达，收缩能力增强，能更好地促进机体的新陈代谢。所以游泳运动的心脏跳动，在平时比一般人较为慢而有力，一般人的脉搏，安静时为每分钟70～80次，而经常游泳者则在42～60次之间，个别甚至少到36次，这是心脏功能良好的表现。经过长期的游泳锻炼，还使心肌逐渐习惯于异常快速地收缩，在紧张时，心跳次数甚至每分钟达到200次以上，这是一般人不能承受的，而游泳者则能靠这种强有力的心脏功能，发挥很高的运动速度和速度耐力。游泳吸气时，扩大胸廓就必须对抗水的压力，因此，吸气必须用力；游泳时往往在水中呼气，由于水的密度较空气大，会产生阻力，这就锻炼了呼气肌。此外，由于呼吸紧密配合动作进行，这样就使呼吸变得深而有力，对呼吸机能起到良好的锻炼作用。经常参加游泳者的胸部发达，肺活量比一般人大。据检查统计，一般人的肺活量只有3000毫升左右，而经常游泳者的肺活量能够达到5000～7000毫升。

二、锻炼品质

参加游泳运动，能磨炼意志，经常进行游泳锻炼，尤其是在江、河、湖、海中游泳，同风浪作斗争，可以培养不怕艰险、敢于斗争、敢于胜利的精神和吃大苦、耐大劳、战胜困难的坚强毅力。游泳运动在现实生活中的实用价值也很大。我们日常生活和工作有不少是和水打交道的，如乘船出游、防洪抢险、水上运输、野外勘测等，只有学会游泳，才能克服水的障碍。

三、健美体魄

游泳是在水中进行的健身运动，水的浮力、阻力、压力和水的低温刺激，对游泳者的生理机能和生化指标的优化都有好处。游泳时人体俯卧、仰卧和侧卧在水中，全身舒展，肌体各部位受力均匀，不但不易损伤肌肉、关节和韧带，而且对发达肌肉、健美体魄、矫正体形有着奇特的功效。

我国幅员辽阔，海岸线漫长，江河纵横，湖泊和水库星罗棋布，城乡游泳池也逐年增多，这一切为广泛地开展群众性的游泳活动提供了条件和方便。学会游泳，提高技能，坚持锻炼，将使你受益终生。

第三节　现代信息技术在游泳训练中的应用

一、现代信息技术在游泳运动训练中发挥的重要价值

（一）有利于调动学生的训练激情

体育运动主要体现在一个“动”字上，为了能够让学生更好地理解和掌握相关的游泳动作和游泳技能，在游泳训练中，教练员经常会将一些难度较大的游泳动作进行拆分，逐一进行详细讲解，然后再组合讲解，需要花费大量的时间。在现代的游泳教学中，将现代信息技术和游泳教学进行充分的融合，可以改变传统的单一、枯燥教学模式，教练员利用一些视频、图片等，让学生更加直观、形象地学习游泳动作。与传统的教学模式相比，学生由之前的自主理解和自主感悟，转变成了现代信息技术的运用，可以准确分析、判定、讲解游泳动作和轨迹，进一步规范了游泳动作，也方便了学生的理解和掌握。在游泳训练中，由于水下环境较为特殊，要想全方位地对学生游泳技术动作等进行指导和掌控，具有相当大的难度。如果借助信息技术，可以非常方便地将学生水下的游泳动作以三维立体的形式展现出来，而且是360°无死角地展示给教练员和学生，可以很好地帮助学生了解自己的动作完成情况，优势和劣势全部了然于胸，很大程度上提升了游泳训练的效率和效果。因此，现代信息技术在游泳训练中的运用，可以帮助教练员全面地掌握学生的训练情况，并针对薄弱环节，可以采取有效训练内容加以强化。同时，学生通过现代信息技术，可以更好地学习和掌握正确的游泳动作和运动频率，针对自身的劣势，展开有针对性地强化训练，进一步提高游泳训练的效率和质量，学生明白了自己的训练优劣势，训练的激情也会有效增强。

（二）可以帮助学生掌握正确的游泳姿势和动作

游泳是一项高强度的体育运动，体能消耗比较大，这是因为在游泳过程中，不仅要保持游泳的速度，还要抵消水中的阻力。在高体能消耗的运动中，运动员经常会遭受肌肉拉伤的损伤。因此，对于游泳运动来说，掌握正确的游泳姿势和游泳动作，很大程度上可以帮助学生避免受到损伤。在学生

的训练量过大时，学生的身体处于疲劳状态，很难再保持规范的游泳姿势，如果这时不能及时地提醒学生加以纠正，会给学生的训练带来极大的、潜在的危险。而现代信息技术的充分运用，可以发挥其强大的存储和分析优势，在水下录像技术和视频处理等软件的辅助下，对学生的水下动作和姿势等进行全程的跟踪和录制，以便学生能够及时发现自己游泳中的不足，及时调整训练的内容。

（三）可以帮助学生准确地掌握运动的频率和速度

在游泳训练中，学生的划水速度受到水阻力的较大影响。加快划水的速度和打腿，学生可以获得较大的阻力，在反作用力的助推下，学生可以快速前进。学生要想实现平稳前进的状态，需要准确地掌握自己运动速度和划水频率。在现代信息技术的辅助下，教练员可以精准地掌握学生游泳训练中的划水频率和速度，定量分析运动员划水和打腿的周期。通过计算机的模拟技术，可以对学生的游泳动作进行实际模拟，找到适应学生的游泳动作频率和划水的速度，实现游泳训练的科学性和高效性。

二、现代信息技术在游泳训练中的有效应用分析

（一）为学生的游泳训练建立信息数据库

在游泳训练中，体育教师可以利用现代信息技术，为接受游泳训练的学生建立一个信息数据库，将每个学生的身体素质状况、心理状态、训练状态、训练计划等情况进行详细的记录。经过一段时间的训练后，体育教师可以将数据库中的数据信息进行前后对比，并通过信息技术进行科学的分析，找到学生最佳的运动状态和技术缺陷，及时调整和优化训练计划，争取向着更好地游泳成绩迈进。

（二）科学、合理地对运动数据进行分析和运用

现代的信息技术主要依靠的是计算机技术作为支撑，利用计算机多媒体技术，可以实现对运动技术的科学分析。在游泳训练中，经常会用到捕捉的

手法，通常是将一些传感器安置在需要测量的关键位置上，在传感器的协助下，相关的监测信息传送到了计算机系统中，并形成三维模型。依据相关的科学技术，学生游泳训练中的各部位的数据变化被精准地分析，提升了科学化的训练水平和能力。通过对比分析，可以准确地知晓学生的技术不足和缺陷，可以帮助学生更好地改善技术动作，进一步提升训练的效率和效果。

（三）加强学校的体育基础设施建设

将现代信息技术和游泳教学训练相结合，对提升学生的游泳技能和水平发挥着重要的作用。学校要重视信息技术在游泳教学和训练中的充分运用，并加大经费投入，不断完善本校的体育基础设施建设，特别是信息技术的软、硬件建设，提升体育教师的现代信息技术的运用能力和水平。

综上，将现代信息技术和游泳教学训练相融合，可以不断地调整和优化训练方法，激发学生的游泳兴趣，高效地完成训练任务。通过现代信息技术的运用，体育教师可以全面而准确地掌握学生游泳的训练姿势、动作、速度及频率，对学生游泳训练中的不足和缺陷可以及时发现，并及时做出纠正和改进，帮助学生掌握正确的训练姿势和动作，找到最佳的运动速度和频率，有效提升游泳训练的质量和效果。

第三章 游泳的基本知识与有效动作分析

在游泳中我们经常可以看到有的人游得很快，好像不用很大的力气就能游很长的距离。而有的人既游得不快又很费劲，并且游的时间也不长。对于游泳者，就需要详细分析游泳技术，纠正错误和改进某些不合理的基本动作，尽快地掌握先进的游泳技术。

人体运动是在神经系统的支配下，肌肉收缩作用于骨骼的结果。也就是以骨为杠杆，关节为枢纽，肌肉收缩为动力，使人体进行各种活动。而游泳是人在水中进行的一项循环性的运动，先进而合理的游泳技术除了要充分发挥出人体主要大肌肉群的力量，保证人体各器官和各个系统在承受大负荷的情况下能正常活动外，还要符合并利用水的一些物理特性。因此，我们要想合理地、科学地掌握先进的游泳技术，就必须了解水的特性，利用水的特性，从而使我们能在水中取得自由，取得水上学习的主动权，并应用到游泳运动中去。

第一节 游泳的基础知识

一、运动方向

游泳时我们是平卧在水面上游动的，因此，运动方向和运动平面等概念和我们平时在地面上的运动有所不同。

在游泳中，向前是指游进的方向，游进的方向是向后，侧面是游进反向的左方和右方，向上是浮力方向，向下则是重力方向。

二、动作周期

游泳时主要是靠臂的划水和腿的踢水或蹬水动作来游动的。一个完整的动作包括准备动作和实际起推进作用的动作。一个动作周期是指划水动作和准备动作的完整过程，或者说是只做一次臂或腿完整动作所需要的时间。通常以秒/次来表示。在自由泳（爬泳）、仰泳、蝶泳（海豚泳）中，一个动作周期的开始一般是从臂入水开始的，而在蛙泳中，一般是从两臂向前伸出、向两侧分开前开始的。蛙泳腿的动作周期，则是从两腿蹬水结束后，向前收腿开始的。

三、动作节奏

动作节奏是指游泳时每一个动作周期内部速度的比例。动作节奏是有规律的，如蛙泳臂的一个动作周期的准备阶段比划水阶段相对要慢，划水阶段约占一个周期的三分之一；自由泳臂的一个动作周期划水慢动作（臂入水到拉水）录像约占整个周期的七分之一，所用时间约占四分之一；这种内部速度比例相对稳定，形成了游泳的动作节奏。

动作节奏是衡量运动选手技术好坏的重要标志之一。初学者往往动作节妻紊乱，如学练蛙泳腿部动作时，收腿快而用力，蹬夹水却缓慢无力，节奏掌握不好，游进效果自然就差了。

四、动作频率与划水效果

动作频率指单位时间内臂划水次数，在游泳中经常以次/秒或次/分来表示。划水效果指划水或腿打（踢或蹬夹）水后身体前进的距离。它标志着动作的质量，经常以米/次来表示。

动作频率=动作次数/成绩（不包括出发转身的时间）

划水效果=比赛距离（不包括出发转身的时间）/动作次数

从公式中可以看出，如果两人游泳成绩相等，则动作频率高者动作效果差。如果两个人动作次数相同，则成绩好的人频率高。动作频率和效果是互相制约的，初学者更应注重动作效果。

五、浮力和重力

物体在水中，有一个作用于物体垂直向上的力，这个力就是浮力。人在水中吸足气下蹲时，会感到水好像将自己托起似的，这就是水的浮力的作用。根据阿基米德原理，物体在水中所受浮力大小等于该物体排开同体积水的重量，那么人在水中排开的那部分水的重量，就是人体所受的浮力大小。物体在水中的浮或沉要取决于物体比重的大小，物体比重大于水则沉，物体比重小于水则浮，物体的比重等于水时，物体在水中不沉不浮。物质的比重是物体的重量和它的体积的比值：

d（比重）=p（重量）/v（体积）

一块松木在水中会浮起，一块铁在水中则会沉下，原因是松木的比重小于水，因此会浮起；铁的比重大于水，因此会沉下。

纯水的比重在40℃时等于1，人体的比重大致和水相等。但一般的水都含有杂质，其所含的杂质不同，比重也有所不同。海水的比重一般是1.03，所以人在海水里很容易浮起来。人的比重大小决定于肺中空气的多少，骨骼、韧带、肌肉、内脏器官的比重，以及脂肪的多少等因素。例如，人在深吸气后在水中的比重可以减少到0.96～0.99，在呼气后可增加到1.01～1.02。我们在游泳时会看到有的人手脚不动，能躺在水面上漂浮，但有的人却不能，这主要是每个人的比重有所差异。男人和女人、胖人和瘦人、成年人和儿童浮力大小都会不同，另外，浮力的大小也和掌握一定的姿势有关。使身体浮心和重心保持在同一垂直线上，就容易漂浮。浮心是水对人体浮力的合力点，身体重心的位置是会随着身体姿势不同而产生偏移的，当人体平卧水中，两臂靠拢躯干时，由于胸腔中含有空气，而腿部骨骼较粗，肌肉发达，这一部分比重大些，因此，身体上半部比下半部比重小些，浮心和重心不在同一垂直线上，这样就产生了转动力矩，使两腿逐渐下沉。如果两臂前伸，可使重心移动，使浮心和重心接近于或在同一条垂直线上，身体就能保持水平和平衡了，即使是手、脚不动时，也能在水面上漂浮。

因此，游泳不但要充分利用水的浮力，而且要尽量减少失去浮力的时间，如头不要抬得太高、身体不能起伏转动太大，空中移臂时间宜短等。

六、阻力与推进力

游泳者游进时受到相反方向的作用力叫做阻力。游泳的阻力包括水的摩擦阻力，波浪阻力和物体的形状阻力。设流线型物体的阻力为1，那其他形状物体的阻力就大几倍至100倍。推进力是由臂划水或腿打水产生的（蹬夹水动作时给水一个作用力，水就给人体一个力量大小相等的反作用力，这个力就叫推进力）。游泳是靠臂绕肩关节和腿绕髋关节，以复杂的弧线做圆周运动。根据圆周运动的有关原理，角速度相等时，半径越长线速度越大。所以，游泳运动过程中，距肩和髋最远的手和脚的速度最大。臂划水的作用面是手掌和前臂；腿打、踢水的作用面主要是脚面和小腿前侧；腿蹬夹水的主要作用面则是脚和小腿内侧。增加这些部位对水的横切面（如佩戴蹼具等），就能产生更大的推进力。

和人体游进方向相垂直的平面上，身体所成的投影面积，谓之截面。截面越大，前进阻力也越大，这在游泳中可包含两个方面：一方面为了减少人体游进时的阻力，在做准备动作时，应尽量缩小截面，减小阻力。例如在游进时，身体姿势勿过于倾斜，以减少水对身体前进的阻力，蛙泳收腿时，小腿跟在大腿后面，这样可以避免额外的阻力截面。另一方面，利用水的阻力产生推动身体游进的动力，称支撑反作用力。人在游泳中利用四肢对水的作用，造成水对身体支撑反作用力，因而当划水或蹬腿时，要增大截面，以增大阻力，取得较大的反作用力。例如，蛙泳腿部动作要强调翻掌和小腿内侧对准水，这样对准水的面积比单用脚掌对准水的面积大好几倍，阻力也增大好几倍，也得到大好几倍的反作用推动力。

第二节　有效动作的分析

根据牛顿第三运动定律我们知道，作用力和反作用力的大小相等，方向相反。例如我们划船时，船桨向后推水，水以相反的方向推桨，这个力通过船桨和人作用到船上，使船前进。船桨推水是作用力，水推船桨是反作用力。划桨越用力，水推桨的反作用力也越大，船前进得越快。这说明作用力越大，反作用力也越大。游泳中，我们是通过手和腿对水施力，这个力使我们上浮和游进。

一、充分利用手和脚在有效动作中的作用

游泳主要是臂和腿围绕着肩和髋关节沿着复杂的弧形做曲线运动。在圆周运动中，手和脚的线速度应该是最大的。例如，在自由泳划臂中，以肩关节为转动轴，离肩轴越远，移动速度越快，手移动速度快，对水的作用力越大，手好像船桨的叶。因此，划水的主要作用面是手掌和前臂。同样道理，腿打水的作用面是脚背和小腿前侧。而腿蹬的作用面是脚和小腿的内侧。从解剖学的观点看，这些部位的截面大，有利于形成有力的划水面，但也不能忽略臂和腿的其他任何部位，要争取最大的划水和蹬水界面，并且它们之间都是互相联系共同完成动作的。

二、有效动作中屈臂划水效果好

划臂是绕肩轴旋转的曲线运动，如果手臂从入水到出水整个动作过程中用力相等，由于处于不同位置，获得的推进力也是不同的。根据力学的平行四边形法则，假定手臂与水平面的夹角，在划臂的不同部位，可以把水对手的支撑反作用力分解为互相垂直的两个分力。当手臂从入水划到约30° 时，其向前的分力只有游泳者用力地50%，只有划到60° ~120° 的部位时，才是最有效的阶段。游泳者一定要合理地、适当地使用和分配自己的力量，使划臂和蹬水取得最大地向前支撑反作用力。在不同的划水阶段，要改变屈腕和屈肘的程度，使手掌和前臂形成最有效的划水面，加长有效的划水路线，因此，屈臂划水的路线长、效果好。但若屈臂过大，力臂过短，手和前臂划水的线速度变小，反作用力也会减小；另外，屈臂过大，又会造成手掌和前臂在靠近身体的水流中划动，降低了划水效果。

三、曲线划水

游泳者要向前游进，手似乎就应该完全向后划水。但事实上在游泳者中几乎找不到一个完全直来直去划水的优秀游泳者。即使游泳者本身感觉是“沿着直线划水”，但只要看一看他水下的摄影图片，也就可以知道，各种姿势的实际划水路线仍然是曲线。

不同姿势，划水路线是不同的，但也有它的共同点。从俯视图看，共同点就是从肩前的延长线或稍靠外开始，向后外方划动，再逐渐向后内方向划，最后又向后外方结束划水。爬泳、蝶泳、仰泳划水，开始是向后，逐渐向后内方，再向后外方划水（蛙泳划水是先后外，再转向后内）。曲线划水的方向基本上是向后的，这个方向也是背阔肌、胸大肌等肌肉群收缩的反向。因此，若入水时过早地向内过中线划水，就会限制肩带的大肌肉群的用力，所以手臂开始应在肩前延长线或稍靠外向后划。开始还应屈臂划水，前臂划水速度快于上臂，而后再逐渐向后内方划水，才能充分发挥大肌肉群的力量，也就是应该高肘划水。

综上所述，我们只有依据水的特性，作用力与反作用力的原理，人体生理和解剖学特征，才能确定各种游泳姿势动作的合理性。

四、合适的手形

早在20世纪50年代，我国就研究过各种不同手形的划水效果，认为划水时，手指应处于自然伸直，既不用并拢，也不用力分开（自然分开在2～5毫米）。到20世纪60年代，又有人对划水时的手形进一步做了研究，并把五种不同的手形放在风道中测定它们阻力的大小，这可以相应地测出它们推进力的大小。第一种手形，手指自然伸直、并拢，第二种手指用力并拢，第三种手指用力分开，第四种手指弯曲成勺形，第五种手指并拢内收。其中第四种和第五种手形迎风面与漩涡区形成的压力差减小，因此，不应采用这种手形来划水。

第一种手形较好，从划水面来看，第二种手形与第一种手形相差不大，但是手指用力地并拢，导致手腕肌肉过分紧张，消耗能量，会很快疲劳，最后必然降低划水效果。第三种手形是五指分开划水。手指形状是圆柱形的，五指并拢可以成为平板形，如果分开相当于水流流过五个圆柱体，圆柱体在风道中的阻力比同样截面的板形要小，这说明支撑反作用力差，给人体的推进力也就差。另外，手指分开，则屈腕肌和手指屈肌过分紧张，也会很快出现疲劳。

因此，理论和实践都证明，划水时手指自然伸直，指间距离2～5毫米最好。手指不要用力过紧，因为水流拥挤在指缝处，指缝间流过去的水流不足以填入由于快速划水而在手指后面形成的漩涡区，因而不会降低划水的效果，并且，这样划水也有利于手腕肌肉持久地工作。

第四章 蛙泳

第一节 蛙泳的历史和技术特点

一、蛙泳的产生

蛙泳是古人模仿青蛙游水姿势所创造的一种游泳技术。蛙泳速度虽然很慢，但实效大，流传极广，所以人们对它倍加青睐。

早期的蛙泳动作非常原始简单，大腿屈收到腹部，臂划水至大腿两侧，身体起伏极大。1936年，根据国际游泳规则规定，蛙泳臂划水后可在空中前移，与老式蝶泳近似，因而速度大大提高，原始的游法逐渐被淘汰。1952年，规则又规定，将蛙泳和蝶泳分项比赛，蛙泳可在水下进行潜游。这对早期蛙泳是一次技术的变革。1956年，规则再次规定禁止水下潜式蛙泳，仅允许出发和转身后做一次手、一次腿的潜泳动作，整个游程中，游泳者头的一部分应露出水面，从而蛙泳技术又得到了新的发展。它的技术动作从原始逐步发展成高航式、半高航式、平航式直至活塞式，使竞赛成绩大幅度得到提高。

二、现代蛙泳技术特点

（一）重视划臂动作

现代蛙泳技术对手臂划手产生的推进力非常重视，手臂的力量虽然不如腿的力量大，但在划水过程中能以较大地对水面取得较好的效果，并且手臂的还原动作阻力也较腿小，许多优秀蛙泳游泳者百米划臂成绩比同距离蹬腿成绩好，显示手臂划水产生的推进力占有重要地位。

（二）提肩高拉，低头前冲

传统蛙泳技术伸臂在水下进行，这造成较大的阻力。但现代蛙泳技术却不同，它的巧妙之处在于内收伸臂阶段的动作，通过高速内划和提肩动作，可将上体提出水面，从而使阻力大大减小。前冲也是现代蛙泳独特之处，这个动作出现在内划之后和蹬腿之前，这时手和前臂正好在水平面上并与水面平行，浅肘快速前伸。

（三）“猫扑”

现代蛙泳技术手臂前伸与蹬腿之间的配合，一些教练形象地称为“猫扑”，这动作由双肩上提，低头含胸，手臂浅肘快伸，上身前冲，在手臂伸至3/4时开始蹬腿，使身体向前扑跃，这个动作形似猫的前扑动作。身体前冲时，游泳者要有将自己的身体向前抛出去的感觉。这时正确的蹬腿时机非常关键，他能将上身高拉起后的势能转化为向前的动能，完成“猫扑”动作，并避免了身体拉得高、落得低的不利姿势。

（四）窄蹬腿

现代蛙泳蹬腿与传统蛙泳有较大区别，传统蛙泳蹬腿路线是一个较宽的圆弧形，而现代优秀蛙泳游泳者蹬腿路线基本上是一条直线，这个动作的优点在于两腿能快速向后蹬水，并且反作用力的方向是完全向前的，由于动作幅度较小，蹬腿路线缩短，也就能提高蹬腿的效率。

（五）晚呼吸

传统蛙泳技术也要求晚呼吸技术，但它与现代蛙泳晚呼吸有较大差别。传统蛙泳是在划水结束的内收阶段抬头快速换气，也就是在外划几乎结束时，快速吐气，在两臂转入内划阶段时吸气。而现代蛙泳技术的呼吸动作，是在内划结束、两臂前伸时进行的。这种晚呼吸技术吸气时间较短，需要在快速强有力的内划动作完成后，头和肩处在上升位置，并使上体提起即将达到高点时进行，由于上体上升幅度较大，不需做专门抬头吸气动作。

三、平航式、高拉式、波浪式的共同特点和自身特点

（一）共同特点

1. 身体在水中保持流线型。最大限度地减少了对水的阻力，身体一定的迎角充分，利用流体中升力和阻力的合力产生的推进作用来推进蛙泳技术中的身体位置。

2. 采用高肘浅划水和窄腿蹬水高肘浅划水首先增加了手臂与水的接触面积、划水路线较长能充分发挥上肢力量，其次是手臂划水合力点的轨迹与躯体运动均处在相近的水层间，这样可以减少因划水嗑深或弧度过大而产生的上下分力和造成身体起伏过大，腿间距离较窄的蹬水，减少腿的迎面阻力，便于加速游进的频率协调动作，减轻心脏负担，提高连续能力。

3. 采用晚吸气可以充分利用划臂的动力，同时，由于憋气，使人体体积增大，浮力增加，能在水中保持较高的水位。

4. 合理地利用腰部力量无论是平航、高拉、波浪式，都非常注重腰部的协调配合用力，一定节奏和幅度的送腰动作，不但能使重心前移，加快游进速度，还能使身体配合更加协调，更省力。

5. 配合动作协调连贯好的配合技术，能避免多余的动作，使肌肉放到最佳状态，且能合理有效地传递力量，保证了动作的连贯性。

（二）自身特点

1. 平航式技术会使身体在水中保持适中的位置，在水中上下起伏小，起到推进作用的动力来自划手和蹬腿，而且蹬腿所占的比例较大，因而收腿后大腿与躯体的夹角较小，脚后跟收得靠近臀部，其目的在于增加腿对水的面积。充分利用腿部的推进力。在收腿过程中两脚几乎呈直线收腿传来时，两脚相距仅20厘米，与旋涡水流方向一致，即脚踵移动没有对水流产生逆向运动，避开了水的阻力。

2. 高拉式的技术特点是在水中身体起伏较大，转肘时对水有下压支撑分力，当身体高拉后，给腿部的蹬水提供了一个支撑点，通过收小腿爆发式的蹬水来充分发挥腿部力量，同时，依靠高拉进的姿势，结合送腰、前、冲、蹬腿，转变前进的动力，高拉后，虽然减小了上体在水中的阻力，但却失去了浮力时支撑作用，易造成下肢下沉，增加阻力面积，所以在采用高拉式技术时，一定要注意空中动作快，水中划行时间长。

3. 波浪式技术特点是人体在水中近似于直线的一种幅度大、振幅小、速度快的波浪式游进技术。蛙泳波浪式游进的基本姿势同那些传统的游进姿势有所不同，因为前者是使身体在水面上呈尽可能平直的姿势，这种流线型姿势最利于滑行，在连续游进中由于游泳者没有时间作充分的滑行，这种姿势也就难以被识别，但由于该姿势是波状游进的基础，必须不时地保持这种身体平展于水面，而要形成这种姿势，必须做到头和背部贴近水面或稍稍露出水面，臀部略低于水面至所需的程度，当臀部到达其最高点时，肩部则处于最低点，两腿并拢伸直，双臂前伸，手掌外翻，双肩尽量向两耳靠拢。肩部最后高出水面线，导致背部也有一个高出水面上的动作，这种姿势躯体下部和胸部呈船形，这样才能使身体向前运动，整个技术在游进中显得柔和协调。

四、现代蛙泳技术的发展趋势

（一）技术动作更具实效性

纵观国际泳坛，男子蛙泳虽经历了不同时期的技术变革，但从技术外形上对其进行区分，可分为两种技术流派。一种是俄罗斯的斯鲁德诺夫（前男子100米蛙泳世界纪录保持者）为代表的“平式”蛙泳技术，这种蛙泳技术典型特点是游进时身体位置平，上体起伏小，动作紧凑，频率较快。另一种是以奥运会冠军巴罗曼为代表的“波浪式”蛙泳技术。采用这种蛙泳技术的游泳者可以充分利用划臂产生升力把上体高高拉起，以减小人体在水中前进时的阻力。当上体入水时，两臂迅速连贯前伸，以保持身体具有良好的流线型。低头伸臂的刹那间，前胸可利用势能转为动能压向前下方，并带动躯干和腰部参与运动，形成类似海豚泳的波浪动作，与此同时，还可借助腰部发力动作，使蹬水动作渗入海豚泳的上下波浪与鞭状动作。北岛康介采用这种蛙泳技术更具特色，他不仅能充分利用臂、腿和腰、腹的力量获得推进力，而且在收臂、收腿时始终保持较好的流线型，将游进时受到的阻力降低到最小。由于北岛康介游进时推进力较大，且阻力较小，因而尽管北岛康介身材不高（身高仅1. 76米），力量也不突出，划臂、蹬腿及腰腹产生的推进力也不很大，但北岛康介全程动作周期数却是最少的。当代优秀蛙泳游泳者，注重技术的实效性和经济性已成为发展趋势，即在合理加大划水推进力的同时，尽可能减小游时身体的阻力。

（二）蛙泳技术动作更具经济性

现代蛙泳技术游进时，除臂、腿积极参与划水和蹬水外，还能充分利用躯干、腰和腹部力量，这对游泳者的要求更高。从奥运会和世界游泳锦标赛技术录像中可看出，一些著名蛙泳游泳者虽躯干和腰腹参与鞭状运动，但个别技术环节总有些不尽如人意的地方，如有的游泳者游进时某些部位始终很紧张等。北岛康介蛙泳技术臂、腿、躯干和腰部动作用力时比较放松。他收腿时，腿的动作异常放松，而双腿蹬水、腰部参与鞭状用力时，臂的动作又非常放松。由于北岛康介在游进时能充分利用上下肢有效用力地间歇交替进行短暂的放松，有效地延缓了疲劳的出现，使得他自始至终能保持较好的体力。

（三）技术动作个性化

2004年奥运会是一届成功的奥运会，游泳成绩大幅度提高，技术创新使奥运会、世界纪录多次被刷新。蛙泳项目虽然没有多次打破纪录的现象，但从整体上看成绩较上届有显著的提高。原因是游泳者采用的技术更符合自身特点，能够通过自己不同身体特点较好把握身体各部分的协调用力，获得最大推进力。男子采用平式晚呼吸技术的游泳者主要分布在欧洲国家。采用平式晚呼吸技术游泳者，有如下特点：第一是身体高大；第二臂部力量有力；第三蹬腿效果好。美洲和亚洲游泳者较少采用平式晚呼吸的技术，而采用起伏式的蛙泳技术并充分利用腰的力量。身体相对矮小的男游泳者多采用腰部发力技术。女游泳者的技术特点表现为减小身体起伏，充分利用腰发力。

（四）技术动作更符合力学原理

游进时的最佳途径是游泳者在水中沿直线游进，然而，根据规则蛙泳游泳者是不允许在水面下游进的，而身体过分露出水面将需很大的能量，所以蛙泳游泳者最佳游进方法是采用波浪状的游法，它趋向理想的快速线性运动。波长越长或振幅越小则效果越好，这是蛙泳波浪式游法的基本原理。

第二节　蛙泳技术与训练方法

一、蛙泳的腿部动作

（一）蛙泳腿部的具体动作

蛙泳的腿部动作包括收腿、外翻、蹬夹和滑行四个方面，这四个方面是紧密相连的完整动作。

1. 收腿

收腿是产生推进力的阶段之一，但随着而来的是给身体带来的阻力，所以要认真考虑减少阻力。由于划水和呼吸的影响，在开始时，收腿需要髋关节、大腿和膝关节稍微下沉，同时还要屈膝屈髋，两膝在前收的同时要逐渐分开，踝关节伸展。这时小腿和脚跟在大腿的后面，在踝关节的投影截面内轻易前收，更好的减少阻力。较高水平的游泳者，为了节省时间，并加快动作频率，会与划水动作相配合，并尽量减少收腿时间。

2. 外翻和蹬夹

外翻对蛙泳腿效果有着较大的影响，外翻不是独立的动作阶段，而是需要和蹬夹相协调配合。收腿结束时，两脚之间的距离宽于两膝之间的距离。这个时候可以向外翻脚，使脚尖朝外，再加上膝关节内旋，使脚和小腿内侧对准蹬水的方向。蹬腿开始时，小腿与水面要垂直，脚位于水面下外翻的最佳角度（90°），平式蛙泳蹬夹的特点是蹬水路长，能充分调动髓关节和大腿肌肉的力量。波浪式蛙泳大腿收腿的幅度较小，但蹬水速度快，主要是利用脚掌的旋转以及躯干动作的配合从而产生推进力。腿的蹬夹动作会伴随着髋关节升高，配合形成躯干的波浪动作。虽然波浪式蛙泳的蹬夹力量比平式蛙泳小，但它频率高，速度快，阻力小，前进速度均匀，这些特点可以弥补其不足之处。

3. 滑行

滑行是产生推动力的重要阶段，也是一个腿部动作周期的结束。在蹬夹结束后，由于蹬腿的惯性作用两腿会出现一个短暂的滑行。在滑行之前，应先迅速将脚升高到与水面平行的位置，以此来减少滑行时的阻力。并且在滑行时两腿要尽量伸直并拢，腿部肌肉和髋关节会自然放松，为下一个动作周期做好准备。

（二）身体姿势

当臂腿完成有效动作后，为减少起伏和波浪式的阻力，身体应力求保持成流线型，以便于充分利用臂划水和腿蹬夹水产生的推进力量，使身体压浪前进。吸气时下颏前伸并稍升肩，使嘴露出水面，吸足气后头随手的前伸和肩胸下降而没入水中。

（三）蛙泳蹬腿阶段中的大腿和躯干

随着蛙泳腿部技术动作的不断改进，在现代流行的蛙泳技术中大腿和躯干的角度问题越来越受到重视，突出表现为在动作的准备阶段用时显著增加。相应地，膝关节的弯曲角度减少，部分游泳者大腿和躯干构成的髋关节角度较其他因素构成角度明显较大，在这种姿势下，两腿的有效蹬水主要依靠膝关节有力地伸肌来完成，尤其是股四头肌。如果大腿弯曲角度较大，则会形成较大的阻力，但这种阻力可以用双腿的强有力的蹬水和大腿伸肌的积极参与而得到弥补。当大腿与躯干曲接近90° 时，就会阻滞力增加却不能得到补偿，这种运作效果较差，所以现在很少有游泳者采用此技术。

（四）腿部动作要点和练习方法

动作要点：蛙泳中腿蹬夹水是推动身体前进的主要推进力。现代蛙泳腿部多采用窄收窄蹬的“活塞式”技术动作。技术特点是两膝间距离略同肩宽，大腿回收范围较小，从而减少了水的迎面阻力；两腿呈弧形蹬夹水，几乎是直线向后做鞭打动作；收腿和蹬夹水的路线缩短，加快了动作的频率。

蛙泳腿部的一个动作周期是由收腿、翻脚、蹬夹和并滑四个阶段紧密相连组成，不可分割。为便于大家记忆，我们将蛙泳腿部的动作技术归纳出一首口诀：

两脚并拢慢收腿，蹬脚外翻对准水，

向后加速蹬夹水，臂腿伸直滑一会。

蛙泳腿部具体的学练方法可以做到如下几点：

1. 陆上模仿：坐在凳子上两手后撑，使上体稍后仰，两腿伸直并拢，按照口诀、路线练习蛙泳的腿部动作。

2. 从陆地上转移到水中后，单腿站立，以另一条腿进行模仿蛙泳腿部练习。

3. 俯卧在凳子上趴在池边自练蛙泳的腿部动作。

4. 下到潜水区请同伴托举自己的胸腹，协助练习蛙泳的腿部动作。

5. 扶浮板在水中进行强化蛙泳腿部动作练习。

学练蛙泳的腿部动作一定要按动作口诀、动作路线和动作节奏、顺序用力，反复强化进行练习。等到熟练掌握技术要领后，再过渡到学练臂部动作，进而起到最佳的效果。

我国优秀游泳者的相关经验表明，收腿角度是收腿整个动作过程中最关键的一环，正因为蛙泳游泳者都具备了基本蹬腿技术，所以怎样把最大发力角度控制好，就决定了蛙泳的成绩。控制好收腿角度还有以下几个目的：一是稳定身体姿势；二是收腿时避免臀部上抬有利于保持身体的流线型姿势；三是保证腿部蓄力开始最大作用力蹬腿。根据上述技术特点与要求，可以采用以下技术训练方法来改善腿部技术动作：1. 陆上瑞士球收腿。这种训练方法的作用是通过陆上动作掌握，在水中逐渐找到感觉，最终目的是控制好收腿的幅度，训练要求首先是身体俯卧在瑞士球上并除手触地以外，身体保持水平，使中腹部处于瑞士球的中心点，收腿后大腿触碰瑞士球结束，形成120° 的收腿角度；其次在上半身保持平衡的情况下，臀部控制收腿，以球体控制收腿角度，最后收腿动作过程中臀部位置较低，避免身体姿势倾斜角度过大。2. 水中手臂向后放在臀部上，手指向后收腿练习，作用是收腿时控制臀部位置，避免过分收腿。3. 10×25米完整划手练习加蝶泳打腿蛙泳蹬腿交替进行，收腿时控制臀部位置，为了避免臀部上翘身体减少水平下压，交替腿为了同步减少收腿时间。基本要求是收腿角度控制在120°左右，和蝶泳腿完成时间保持一致，这样有利于体会到正确的蹬腿用力方向和滑行身体位置。

二、蛙泳的手臂动作

（一）蛙泳手臂的具体动作

蛙泳手臂动作技术是影响蛙泳运动成绩和动作效果的关键之一，开始姿势、抓水、划水、收手、伸臂是蛙泳手臂动作的五个基本环节。

1. 蛙泳开始姿势手臂的正确动作

身体水平俯卧水中，两臂自然向前伸直，两臂与水平面平行，头部置于两臂之间，掌心朝下，两眼俯视前下方，使身体纵轴与水平面约为5°～10°，形成较好的流线型。

2. 蛙泳抓水的正确动作

从开始姿势起，手臂先前伸，并使身体重心向前，前臂和内臂立即内旋，掌心向外斜下方并稍勾手腕，两手分开向前侧斜方压水，当手掌向前臂感到有压的力量，就开始划水。抓水动作一般在水下18～23厘米进行。

3. 蛙泳划水的正确动作

划水是产生牵引力最有效的技术环节，也是增加游进速度的最有效的技术环节。在划水的开始阶段，背部下凹，在紧接抓水动作后，加速向后方划水，在整个划水动作过程中保持肘部较高的位置，蛙泳划水主要是拉的力量。蛙泳划水的方向是向侧、下、后、内方，划水路线是椭圆曲线。

4. 蛙泳收手的正确动作

动作是由内向上收缩头的前下方，继而成两手掌向上，最后掌心向下并拢前伸，收手动作应当有利于做快速的前伸手动作，在整个收手动作过程中，手的动作应积极地、快速地、圆滑地来完成，收手结束时，肘关节低于手，大小臂成锐角。

5. 蛙泳伸臂的正确动作

伸臂动作是由伸直肘关节，肩关节来完成，掌心由朝上逐渐向下方，同时，向前伸出，快速伸臂动作，它紧密配合腿的动作，因此，在伸臂的同时，肩要前伸，不能有停顿现象。

（二）蛙泳的臂部动作与练法

动作要点：现代蛙泳技术中臂划水产生的推进力，越来越接近腿部蹬夹水时产生的推进力。

根据规则规定：蛙泳过程中，游泳者两臂所有动作都应同时，并在同水平面进行，即两手要同时在水面、水下或水上由胸前伸出，然后在水面或水下向后划水。蛙泳臂部的一个动作周期是由滑行、抓水、划水、收手和伸臂五个阶段紧密相连组成，不可分割。

蛙泳臂部的具体练习方法可以做到如下几点：

1. 陆上模仿。两脚前后开立，身体前倾，两臂并拢前伸，手指并拢，手心向下。按照4拍节拍的口令做两手同时向侧后划水动作，然后屈臂收手至颏下，掌心斜相对，两手向前伸直并拢；稍停。

2. 下到浅水区站立做上一练习动作。

3. 在浅水区行进过程中做上述练习动作。在水中做动作练习时，努力体会划水时手掌和小臂的水感。

三、蛙泳的呼吸技术

（一）水中闷气

头没入水中练习闷气，保持一段时间后站立，注刚开始练习时需安排陪练。一般闷气越久越佳。如果练习期间感头部不适，需立即终止练习。水压是导致胸闷的原因。读秒，在陆上一旦受不了后“啪”一声，用口吸气调呼吸，以陆上练习的秒数打折在水中用。下水后请睁开眼睛，不要用力憋气。

（二）水中吐气

在陪练协同下将头没入水中，慢慢通过口、鼻吐气，保持一段时间后站立。水中吐气保持时间越久效果越佳，且需注意吐气，否则易呛到。大部分人更适合以口吸气。

（三）韵律呼吸

有节奏、有韵律地呼吸。技巧与水中吐气相仿：在水中通过口、鼻吐气，出水面时嘴角“啪”一声后，用口吸气。不仅要注意节奏，还需协以双手压水动作。

（四）蛙泳呼吸技术的辅助练习方法

1. 早吸气

当两支手臂开始划水时，练习者的头、口露出水面，在此期间吐尽所有的气，且迅速深吸气，然后随着伸长的手臂低头闭气。如果两支手臂出现下滑，则慢慢开始呼气。

2. 练习方法

在下滑过程中头部抬起，在划水期间进行吸气，当两只手臂伸出时进行呼气，手臂往后收的过程中低头闭气，组织进行陆上蛙式呼吸和肢体协调的配合练习。具体实施过程为：在吸气过程中左下颌露出水面，两支肩部慢慢升起；腿部缓缓地收腿、翻腿，臀部循序渐进地往前伸直，并开始划水、收手、两只手臂往前伸。

掌握水性。个人、小组、集体以拉链的形式以侧向走、走交叉步、后退走、旋转走等的形式行走于肚脐以下的水位，甚至可以是往各方向的跑、跳、转体、跃起、下沉，使身体对水亲密接触，适应水。

需要多于浅池开展滑行及浮体练习，抱膝浮体、展体浮体也应该多加练习，蹬池底滑行、蹬池壁滑行等都是常见的滑行练习方式，滑行期间身体要保持平衡、处于适度紧张状态，闭气时间尽量延长。

四、蛙泳的完整配合

（一）蛙泳过程中臂部动作和呼吸的配合与练习方法

呼吸方法：蛙泳有早吸气和晚吸气两种方法。早吸气是指游泳者两手划水时抬头吸气，屈肘收手时屏住呼吸，在伸臂滑行过程中再吐气；晚吸气则是指在划水动作即将结束时抬头吸气，屈肘收手时闭气低头，伸臂后阶段至划水过程中再吐气。运用早吸气的呼吸方法，能使身体位置保持较高，因此吸气时间较长，技术要求较低，初学者很容易学会。蛙泳臂部动作与呼吸的配合，我们可以用一句口诀来说明：

划水开始抬头吸，伸臂慢吐不着急。

练习方法：在做蛙泳臂部动作练习的同时，逐渐加入呼吸配合。配合时机是手臂开始划水时就抬头用嘴吸气，屈肘收手至颏下时稍稍闭气，在伸臂低头滑行时再慢慢地吐气。

（二）蛙泳过程中呼吸和腿部臂部动作的配合与练法完整的配合时机

蛙泳动作完整的配合应是在手臂划水时抬头吸气；屈肘收手后开始慢收腿；并手前伸时继续收腿，直到收腿即将结束时向外翻脚；双臂前伸即将伸直时低头吐气，同时双腿向后作弧形蹬夹水，从而使身体成流线型向前滑行。

完整的配合方法：蛙泳的完整动作般采用1：1：1的配合方法，即1个蛙泳动作周期中双腿蹬夹水一次，双臂划水一次，同时配合呼吸次。初学者为了减小身体上下起伏和增加双腿蹬夹水的力量效果，可从2：2：1（两次腿部动作和臂部动作仅配合呼吸一次）逐渐过渡到1：1：1的配合效果。

蛙泳完整技术配合动作口诀：

划水腿不动，收手又收腿。

先伸手臂后蹬腿，臂腿伸直漂一会。

五、蛙泳的常见错误与纠正方法

（一）腿沉上身抬起

产生原因：仰头动作过大，屈收大腿过多而收小腿幅度较小。

纠正序去：少收大腿，积极屈收小腿，使脚跟靠近臀部；俯卧水中按口诀反复练习腿部动作。

（二）外翻脚掌动作尚未完成就急于蹬夹水

产生原因：收腿动作太快；膝关节分得太宽；太急于蹬夹水向前游。

纠正方法：放松心情慢收腿，收腿动作结束时保持膝略与肩宽；做蹬夹水动作前必须努力向外翻（勾）脚掌。可以在陆上和水中反复练习腿的收、翻、蹬夹和并滑动作。

（三）臀部动作起伏震动过大

产生原因：并膝收腿动作太快太多；屈收腿过程中同时收腹，蹬夹水时产生挺腹抬头动作。

纠正方法：按口诀反复进行陆上和水中的动作练习，练习时腰背肌肉保持适度紧张。

（四）无法从容进行换气

产生原因：并臂伸直滑行过程中未能吐净气；划水动作太快，以致抬头动作过慢，来不及从容吸气；嘴没能露出水面；嘴虽露出水面但没主动吸足气。

纠正方法：在陆上和水中，从两次划水两次蹬夹水配合一次呼吸的动作，逐步过渡到进行一次划水一次蹬夹水配合一次呼吸，并反复进行强化练习。

（五）游速太慢

产生原因：腿部动作未能做到外翻脚掌蹬夹水；蹬夹水动作不是呈弧形蹬夹而是直接向外蹬水；双臂不是在做划水动作，而是摸水；腿臂同时进行做动作。

纠正方法：明确腿臂动作的配合要点、动作节奏和配合时机；反复练习1次腿1次臂的交替连贯完整技术动作的配合。

六、蛙泳技术专门性练习

（一）蹬腿技术的练习

1. 两手正握游泳板末端，两臂自然伸直，肩平压入水中，做腿练习。可以做头入水或抬头练习，也可以结合呼吸进行。

2. 两臂靠体侧，脸入水，做腿练习。要求收腿后两脚掌尽量翻，主要体会翻脚掌动作。

3. 两臂靠体侧，抬头，做腿练习。要求收腿时腰腹稍放松，小腿尽量向大腿靠，脚跟尽量向臀部靠。主要体会大腿收腿的角度和收腿动作的节奏，提高蹬水对水的感觉。

4. 两臂靠体侧，配合呼吸做腿练习。收腿时吸气，腰稍放松下沉。蹬腿时稍收腹，蹬腿结束时主题抬臀提腰。体会腿与呼吸配合的节奏和腰腹的动作。

5. 两手抱后脑做蛙泳腿练习。变换练习手段，发展腿力，提高蹬水感。

6. 两手相握于背后，做蛙泳腿练习。变换练习手段，增大阻力，发展腿力，提高蹬水感。

7. 仰卧，两臂置于体侧，做蛙泳腿练习，注意收腿时膝关节的距离，体会膝内旋翻脚掌的动作。

（二）臂划水的技术练习

1. 两脚套自行车内胎，做臂划水练习，变换练习手法，提高对水的感觉。

2. 两脚并拢，在做蝶泳打腿动作的基础上做蛙泳臂划水动作，加快动作速度，体会臂腿配合的节奏，提高臂腿配合动作的协调性。

3. 用橡皮条一头系住脚腕，另一头系在岸上，做臂划水练习，发展臂力，提高对水的感觉。

4. 手戴划水掌就上述任何一种练习，发展臂力，提高对水的感觉。

（三）配合游泳技术的练习

1. 蛙泳手蝶泳腿配合练习。注意大腿屈膝打腿，使小腿尽量收向大腿。主要体会手腿配合节奏。

2. 头抬高练习蛙泳臂腿配合，增大阻力，提高小腿收腿难度，培养腿蹬水对水的感觉，发展臂、腿力量。

3. 两臂尽量前伸的配合技术练习。要求蹬水时，臂尽量前伸，两肩向脸颊部靠。提高肩关节的灵活性，加长划水路线。

4. 小划手快频率配合练习，主要体会快频率地对水的感觉。

5. 手戴划水掌做上述任何一个练习，加大阻力，发展臂力，提高对水的感觉。

第五章 自由泳

第一节 自由泳的历史和技术特点

一、自由泳的产生

众所周知，在游泳运动项目中，最能博得世人眼球的便是自由泳，而且在四种泳姿中速度最快的也是自由泳。在游泳比赛中，自由泳的项目最多，奥运会的游泳比赛项目中大多都涉及自由泳，可见自由泳在游泳项目中的重要性。在自由泳的比赛中，游泳者们可以选用除去蛙泳、仰泳、蝶泳三种姿势外的任何姿势参加比赛。爬泳以其游泳动作姿势类似俯卧爬行而得名，因为爬泳的姿势游速最快，所以在自由泳比赛中有很多游泳者都选用爬泳姿势，久而久之，爬泳也就被称为“自由泳”了。

19世纪初，澳大利亚人R·卡维尔用两腿交替打水，取代剪夹水技术取得胜利。

1896年第一届奥运会自由泳被列为正式的比赛项目，自由泳不受任何姿势的限制，爬泳的速度最快，也是自由泳唯一的姿势，这种姿势结构合理，阻力小，速度均匀，是最省力的一种游泳姿势。1922年美国人韦斯摩洛改进用两臂交替划水和两腿6次交替打水配合，形成现代爬泳模式。

自由泳实用性强，在奥运会游泳比赛中占有很重要的地位。自由泳往往被看作是衡量一个国家游泳水平的标志。

自由泳速度快、比赛项目多，直接影响到世界游泳水平的提高。从1908

年第4届奥运会正式审定游泳世界纪录以来，其他三种游泳方式的同距离比赛成绩无一能超过自由泳。

二、现代自由泳技术特点

自由泳的基本技术特点是，人体俯卧水中，头肩稍高于水面，游进时躯干绕身体纵轴适当左右滚动，两臂轮流划水推动身体前进。手入水后划水路线呈S形，呼吸与划水动作协调。当臂用力划水时，利用水流在头两侧形成的波谷吸气。

自由泳，其动作结构比较合理、省力、阻力小，是当前速度最快的一种游泳姿势。具体解释来说即是：在自由泳整套动作中，腿部动作除了推进力，也起平衡作用，保持身体的稳定和协调双臂做有力的划水，双臂划水可分为前交叉、中交叉和后交叉。

自由泳的发展经历了不同的发展时期，从1860年，英国人约翰·特拉金采用两臂轮流划水后提出的水面经空中前移配合蛙泳蹬腿的技术，被称为“特拉金式”。1879年，卡维尔采用两臂轮流划水后经空中前移配合两腿上下交替打水技术，奠定了现代爬泳技术的基础。1902年后，在澳大利亚、英国、美国相继出现采用爬泳臂和两腿有节奏向后下打水的技术，这是现代爬泳技术的雏形。美国的丹尼尔斯最先使用规则的两次划水、六次打水技术。美国的杜克·卡哈纳莫库以一个动作周期中6次振动打退的技术，之后，美国游泳者韦斯摩勒以船型身体姿势、6次打腿的爬泳技术。20世纪40年代以后，人们加强了手臂划水的力量，强调屈臂高肘划水，使臂的动作作为爬泳推进力的主要来源。腿部技术先后出现了4次打腿、2次打腿、6次打腿、交叉打腿、拖腿等规则或不规则的打腿形式。

50年代以前，游泳者都非常重视两腿打水的作用，一般都是两臂轮流划水1次就打腿6次。后来，科研材料证明打腿的能量消耗比划臂大得多，而推动身体前进的动力主要来自臂部的划水动作。因此，以臂为主的现代自由泳技术重视臂的划水动作和两臂的配合，打腿动作在长距离游泳中已经减少为

2次或4次。但在短距离游泳中，多数游泳者仍然是打腿6次。自由泳，其动作结构比较合理、省力、阻力小，是当前速度最快的一种游泳姿势。

美国著名教练员查尔斯·塞维亚曾经指出，自由泳技术应该是四大特点结合起来形成的符合人体力学结构的先进技术。这四大特点分别是：肩带连贯的上升和肩胛骨向上的转动；肩关节围绕身体中心的转动和屈肘；肩关节内收和肩胛骨向下的运动；连贯地结束划水和出水。

澳大利亚当前的优秀自由泳游泳者的技术特点最符合塞维亚的“四大特点”的外形。尤其是刚刚开始产生推进力的阶段就通过内向旋转上臂和屈肘时形成了正确的抓水动作。抓水以后，上臂沿额状面内收，充分发挥肩带的力量。当内收结束时，主要的推进部分就基本完成了，随之手臂旋转使手掌朝向身体，开始移臂动作，手臂的旋转动作有效将内收划水的动量传递到移臂动作。

澳大利亚自由泳游泳者的“核心力量”更加强调了躯干部分大肌肉群的用力，减少手臂部小肌肉群的参与程度。

在解剖学的结构上，人体的核心部位既包括了腰椎、骨盆和髋关节等骨骼以及它们周围的韧带的结缔组织，也包括附在这些骨骼上的肌肉。20世纪90年代初，一些欧美国家学者开始认识到躯干肌的重要作用。先提出了革新稳定性（CORE STABILITY）和核心力量的问题。

三、自由泳游进过程中的主要技术

自由泳游进过程中主要技术分为下面部分：

（一）身体位置

自由泳在水中的理想身体位置是头高于肩、肩高于髋、髋高于腿。这样的身体位置有助于身体的转动，主要是肩部和髋部的转动，一般情况下，肩部转动的幅度相对较大，这样会更好地产生向前的推动力，髋部平稳的转动并保持水平位置对减少阻力，增加速度起到重要作用。双眼的视线应朝池底的方向，固定视线，固定头部位置。

（二）划水

自由泳划水采用“前交叉”技术动作，是由肩带动手臂沿着身体中轴入水做高肘抱水动作，并不断加速向后推水，另一手臂处于身体的前方，利用肩部的转动尽量向先伸，作为身体的支撑点，从而利于划水的手臂发挥出更大的划水力量。空中移臂动作要放松、连贯，整个人保持直线前进。

（三）呼吸

呼吸一般是三次划手一次呼吸，专业的游泳者大多较为喜欢单侧呼吸，即转向力量较强的一侧换气，这样的呼吸更为有效，因头部的转动是随着身体的转动一同进行的，头部的转动虽然不会影响到身体的转动位置，但会影响到髋部动作，还会影响到另一侧入水手臂划水的动作，从这点就可以看出呼吸与不呼吸的区别了。

（四）腿部动作

首先，打腿的动作正确，速度快，能使游泳者在游进过程中的身体位置保持平衡，减小投影的面积，从而保持游泳者身体的流线型。其次，迅速的打腿动作还能使下肢的身体位置抬高，从而使阻力减小到最低。自由泳一般要求1次划手6次打腿动作，重点在下打动作。一条腿成弯曲上打，另一条腿做下打动作，做上下打腿动作时，脚腕要成放松状，脚向上打水位置要适当，这样的打腿才能给身体带来向前行进的最大动力。

四、现代自由泳技术的发展趋势

根据世锦赛现代自由泳技术的录像分析，目前，中外短距离的自由泳技术动作与传统的技术风格比较，主要呈现出下面几个趋势。

（一）减少阻力

美国人图列茨基的观点，也就是“划独木舟”风格，认为中后交叉便于力量的传递和有利于加快高质量划水频率。澳大利亚人则是典型的前交叉风格的拥护者，认为前交叉能够提高抓水、抱水阶段的质量，也有利于身体前端的支撑和重心的前移。我国大部分优秀自由泳选手自觉或不自觉地采用前交叉配合动作，赵戈总教练根据大部分一线教练员的观点，提出短距离专项以交叉靠后为好，游中长距离专项的则以前交叉比较适合长距离，而中交叉更适合短距离冲刺，但现在自由泳技术开始走向整合，一般都采用中前交叉，这样做不但划水距离长，效率高，而且更容易保持身体的流线型，从而有效地减少阻力。

（二）提高划臂频率

抱水早、发力早，划水线路基本成直线，S形划水不明显，以提高划臂频率。在自由泳技术中，大部分优秀游泳者抓水后发力早，S形划水曲线较传统风格小，以提高划臂动作频率。划距较传统距短，以提高划臂动作频率，传统概念臂划水阶段中的推水部分由于生理局限，只能沿着前段划水过程中被已带动的水流反向继续推水，并且对水面较小，所以效果较差，又浪费时间，故已经逐渐被抛弃不用。臂提高出水一方面能在单位时间内增加有效划水距离，另一方面能降低训练中对肱三头肌的依赖，减少肱三头肌的负荷，以改善由于肱三头肌僵硬而引起的肌肉不适感。

（三）划频快，划距短

在划水概念上，强调手入水要像“船锚抓地”一样抓住水，让身体迅速从后向前移动，有别于传统向后划的概念，从解剖学的范畴上说，要求划臂动作的肌肉用力方式为远端固定。在划臂的发力顺序上，为能更好地发挥肌肉力量，要求臂的划水点在划到肩前方时要宽于肩，划至肩下方时与肩同宽，划过肩后要窄于肩。

（四）能量传递

传统的打腿概念应该改为能量传递概念。自由泳的打腿是以核心发力点为发力的起点，以股骨大转子为支点，向后的能量传递过程。

第二节 自由泳技术与训练方法

一、自由泳的腿部动作

（一）自由泳的腿部动作与练习方法

动作要点：自由泳腿部打腿虽然不及两臂划水时所产生的推进力大，但是此举动有利于增加浮力，维持身体平衡，协调和两臂划水动作及呼吸的配合。

自由泳腿部打水动作是以髋关节为轴心，以大腿发力带动小腿和脚向后下方成鞭状进行打水。打水时要求双脚稍微内旋，踝关节保持自然放松，向下加力打水，向上放松提起，两脚尖上下垂直距离为30～40厘米。

练习方法：

1. 陆上模仿。练习者俯卧在凳上或池边，两腿伸直，脚稍内旋，做直腿上下打水动作。

2. 在浅水中两人互相协助，托胸腹平俯水面做直腿上下打水动作练习。

3. 请同伴托自己在水中移动，在身体俯滑过程中练习屈腿小幅度鞭状打水动作。

4. 独自扶浮板做屈腿小幅度鞭状打水动作。练习中尽量眼视前方，保持自然呼吸；逐步练习面部浸入水中吐气，向侧转头看肩露出水面时用嘴吸气（要求一口气吸足）。

（二）身体姿势

采用自由泳泳姿应保持练习者的身体俯卧水面上成流线型，身体纵轴与水平面的夹角约成30°～50°，头与身体纵轴的夹角约成20°～30°，水齐前额发际。游进过程中身体绕纵轴左右转动范围约为35°～45°。

二、自由泳的手臂动作

（一）自由泳手臂的各个阶段技术分析

自由泳的手臂动作主要包括入水、抱水、划水、出水、空中移臂五个阶段。每一个阶段的技术动作都有不同的要求，对上臂的肌肉群以及整个身体的协调柔韧都有不同的要求。

1. 自由泳手臂的入水

自由泳手臂动作的第一个阶段，入水阶段又分为手插入水中和手臂在水中向前下伸展两个阶段。首先应明确，入水阶段作为抓水阶段的前提和准备动作，也就要求其必须使手臂伸到最佳位置，以做好充分的准备；同时前伸动作也起到了保持身体的流线型和一个身体肌肉准备的阶段。手臂随着身体的转动，肩关节内旋，随后在手的引领下，手、前臂、上臂依次入水。

2. 自由泳手臂的抱水

自由泳手臂动作的第二个阶段是抱水，抱水是游泳者手臂入水下滑的过程中，屈腕屈肘，使肘部高于手，所持姿势就像用手臂前伸去抱一个大球似的。

3. 自由泳手臂的划水

在整个手臂动作的阶段，手臂的划水是产生推进力的主要阶段，划水的轨迹是一个三维的螺旋曲线，通过手臂的内旋外旋来改变对水的攻角，从而获得升力推进力，同时也会获得阻力。在划水过程中手臂的运动方向是不断变换的，根据这个变化又把划水分为三个阶段，但是这三个阶段之间是不存在绝对界限的，就像划水动作的方向一样，也是不存在绝对的反向。

在整个划水过程中，手臂的运动方向不是固定不变的，它在一个三维立体的几何面内不断地变化。从俯视的角度看，手运动的轨迹类似于一个大写的英文字母“S”，在划水阶段的手运动的螺旋曲线轨迹是不规则的。

4. 自由泳臂的出水

在手臂划水阶段结束后，接下来就必须改变手的迎角要做到小指朝上，肘外旋，掌心朝向大腿，肩关节不要过于紧张，手臂在肩的带动下提出水面。在出水阶段，各部位出水的依次顺序为肩、上臂、前臂和手。出水的动作必须保持连贯，且要使肩和手都放松。

5. 自由泳臂的空中移臂

自由泳手臂动作的空中移臂阶段是出水阶段的延续，和自由泳臂的出水没有明显的界线区分，所以手臂出水即将要进行空中移臂的时候不要有任何停顿，以免破坏动作的连贯性。自由泳的空中移臂包括两种方式：一是直臂移臂，二是高肘移臂。

高肘移臂和屈肘移臂在后半段是相似的，主要区别在于一个是肩内旋一个是肩外旋。造成直臂移臂的原因主要是由于呼吸一侧的身体的转动幅度是很大的，这个大的转动幅度比较容易引起肩外旋。有研究证明，在短距离赛程中，直臂移臂更有利于游泳者的成绩的提高。

（二）自由泳臂的配合

前交叉、中交叉和后交叉配合是自由泳手臂配合的最基本的三种形式。也有研究指出有介于这三者之间的中前和中后交叉这两种形式。两臂的协调配合能够让身体保持身体匀速的前进，中交叉和中后交叉有利于保持身体匀速的前进，前交叉的缺点是不利于初学者练习，因为前交叉容易造成动作不连贯。由于只要是在游进过程中，有一只手臂尽量地保持在身体前方伸展，所以有研究认为中前交叉式最为适合的配合方式。

（三）自由泳两臂配合动作的练习方法

1. 陆上模仿。双脚开立，身体前倾，手臂前伸做直臂向后划水动作练习，并逐渐由单臂动作练习过渡到双臂交替进行动作练习。

2. 站立于浅水区中做上述动作练习。

3. 在浅水区中行进同时做双臂交替划水动作练习。

4. 俯卧池边或在水中俯卧夹浮板做双臂交替划水动作练习。

5. 自由泳臂部动作和呼吸的配合与练习方法。

三、自由泳的转身技术

（一）转身的类别及阶段

游泳竞赛中的转身一般按照比赛的项目和转身的技术特点来分类。按照比赛项目转身主要包括：蝶、仰、蛙、自四种泳姿的各一种转身；个人混合泳中蝶转仰、仰转蛙、蛙转自的三种转身，共计七种转身。游泳的转身阶段从接近泳池壁的7．5米处就已经开始了；主要可以分为游进池壁、转身、蹬壁、滑行、出水等五个阶段；每个阶段都有不同的技术要求和注意事项以及易错点。当然，在自由泳转身中可以采用任何一种形式，但是转身的前提是必须得快、省力、快捷。所以在自由泳转身中一般都是采用翻滚转身技术。

（二）自由泳转身技术

在自由泳比赛的转身中，大多数游泳者都是采用滚翻转身。当前泳坛上的很多优秀选手在比赛中主要采用两种自由泳滚翻转身。这两种滚翻转身技术大致相同，普遍被应用于自由泳比赛的转身技术中，这两种转身的主要区别在于选手在蹬壁时的身体姿势，侧卧蹬离池壁时则是蹬壁自由泳转身，如果是仰卧蹬离池壁则是仰卧蹬壁自由泳转身。有研究证明：在这两种自由泳翻滚转身中，仰卧蹬壁的转身技术是速度最快的一种转身技术。侧卧蹬壁的正确姿势是游泳者在蹬壁前，做转身的同时，身体大约侧转八分之一；在蹬离池壁之后滑行的过程中，在原来侧身的基础上再侧转八分之七，也就是完全转成了俯卧姿势。转身技术直接关系到游泳者的技术水平和运动成绩的排名，是比赛中的重要决定因素。

（三）自由泳转身阶段技术

自由泳的转身阶段是一个连贯的技术动作，需要做好每一个阶段。为了便于研究和分析，很多研究者都是把自由泳的转身技术分为五个阶段，主要包括游近池壁、转身、蹬壁、滑行和出水五个阶段。每一阶段都有不同的技术要求及注意事项，虽然在理论研究层面，把转身阶段细化为五个小阶段，但实际掌握起来仍需要进行不断的连贯练习，以保持整个转身技术的完整性。

1. 游近池壁

大多数优秀游泳者在比赛过程中，都是在距离池壁1.7米～2.0米左右处开始做最后一次自由泳划臂动作，从这最后一次划臂开始做转身动作。这个距离没有特别严格的规定，主要是根据游泳者自身的游速以及身高不断地进行调整。在短距离的比赛中，游泳者的游进速度很快，所以他们做转身的时间要更早一些。转身前应该注意：（1）要在不减速的情况下控制好离池壁的距离。（2）调整好动作。（3）保持游进的速度，甚至要加速。在这一阶段最易出现的错误：（1）在游近池壁前降低游速。（2）转身前做滑行动作。（3）最后一次划臂和开始滚翻动作之间停顿。如果转身前滑行，也就等于降低了游进的速度，划臂至双腿触壁之间的时间就会延长，也就拖延了整个转身的总时间。

2. 转身

转身阶段又可以大致分为五个小阶段。（1）在最后一次划臂前一定要目视池壁，最后一次划臂的同时，另一只手臂应该停在体侧、同时开始做滚翻动作，当最后一次划臂动作进行到一半且开始后划的同时要快速低头准备转身。（2）最后一次划臂的同时，还应做一次幅度不大的海豚泳打水动作，协助臀部露出水面，为滚翻转身做好充分的准备，从而也为获得转身前的加速，并开始翻滚。（3）转身进行到一半的时候，位于体侧的两手掌下转并向下划水，以协助头部向水面靠拢，滚翻动作进行到头部转到两臂之间为止。（4）紧接着是一次水上摆腿，此时，两腿一定要收紧，从而更好地完成滚翻动作。（5）两脚触壁前，为了身体做好触壁前的预备姿势，头部要进入两臂之间；在此阶段需要注意，脚趾向上略向外触壁，脚趾所指的方向也就是身体必须面对的方向。

3. 蹬壁

触壁时两脚趾的深度最好保持在30～40厘米处。触壁时的屈膝角度应接近90°为宜，而髋关节的角度要大于90°。两脚一旦触壁，要求头部要稍向即将侧转的方向转动，很多时候游泳者在侧转的时候容易面部转过正常位置，然后紧接着迅速有力的蹬壁，用力蹬壁的同时伸臂，这样有助于增加蹬壁动作的力量，蹬壁的方向应尽量保持水平，一定要避免向上的动作。身体转成俯卧姿势是在蹬壁后的滑行中来完成的。在这个阶段的转身，左右可以任意选择，大多数都以最后一次划臂的那个手臂的方向作为旋转后面对的方向。

4. 滑行

滑行的过程中主要保持身体的流线型姿势，如果在滑行阶段拱背、收腹、抬头、两腿、两臂不并拢，会导致滑行过程中阻力的增加。蹬壁后滑行的速度要比正常的游速快，但很快就又会慢下来，所以说，滑行的时间不宜过长，根据游泳者自身的速度，当滑行至自己的游速时就要停止滑行了，滑行时间过长或过短都会对整个的转身阶段造成影响。滑行时间过长会导致滑行速度降低到游速以下；滑行时间过短则会导致过早第一次划臂产生的形状阻力。停止滑行后应做2~3次上下打水动作，使身体游出水面，并适时开始划臂动作。

5. 出水

在出水阶段，身体同样要保持良好的流线型姿势，要掌握住出水的最佳时机。出水的最佳时机就是滑行结束后做的第一次划臂动作进行到一半时，头部露出水面；此时需要注意的是：出水前不要抬头，出水后可以略抬头，然后保持正常游姿进行接下来的正常游进。出水过早容易呛水，容易破坏蹬壁给身体的助力，使这个助力变成了阻力，会无形中延长转身的时间。

6. 转身过程中的注意事项

（1）呼吸。在自由泳的整个转身过程中，要注意几个呼吸问题。①转身前的最后一次划臂动作不要吸气，这时吸气会延长整个转身的时间。②蹬壁出水后的第一次吸气。长距离比赛中可在转身出水的第一次划臂动作时吸气；而对于50米、100米的比赛中，转身出水后的第二次划臂动作时吸气则会加快游速。

（2）面部方向。在整个游泳过程中面部的方向是非常重要的，面部的方向就是整个身体姿势保持的前提。在转身阶段，面部所面对的方向需要不断地进行调整，由开始的俯视逐渐变成侧视最后又变成俯视，在整个转身阶段，面部的方向可以用角度来表示，以池底为基准，就是俯视180° 到垂直90° 再到俯视180° 。

（3）身体姿势。在转身的整个阶段中，除转身瞬间外，其他时间都需要游泳者保持好身体姿势，尤其是游近池壁和滑行这两个阶段，保持良好的身体姿势显得格外重要。身体姿势一旦打破流线型，尤其是在转身过程中需要加快速度，很容易对接下来的游进带来不利因素，最直接的结果就是影响游进的速度。在转身瞬间的身体姿势也是非常重要的，团身前的准备阶段的身体方向以及团身瞬间的身体姿势都是非常重要的。尤其是在短暂的时间内要不断改变身体姿势，这就需要游泳者不断地进行反复练习。

四、自由泳的呼吸技术

（一）自由泳的呼吸方法

自由泳一般多采用俯卧水面向体侧转头进行呼吸。以右侧换气为例，右手完成入手动作后，用嘴慢慢吐气，待右手用力划水至肩部下方时，开始向右侧转头并增大吐气量，直到右臂划至推水动作即将结束时，用力吐尽气，在右臂进行出水动作时用嘴猛吸一口新鲜空气。空中移臂动作过程中，稍稍闭气，最后将头转正，在右臂再次入水动作后，开始下一次换气练习。

（二）自由泳手臂动作与呼吸配合的练习方法

1. 陆上模仿。双脚开立，身体前倾，两臂交替进行直臂——屈臂划水动作练习，并逐步配合进行呼吸。站立到浅水中，扶膝半下蹲做转头换气动作练习。在浅水区行进过程中做双臂交替划水动作与呼吸配合的练习。

2. 俯卧水面。请同伴帮助托扶脚尖做划水动作与呼吸的练习。自由泳过程中呼吸和腿部臂部动作的配合与练法配合方法：自由泳的完整技术动作通常采用6：2：1（长距离也用4：2：1）的配合方法，即两腿交替打水6（4）次，两臂交替各划水1尺，配合完成1次呼吸动作。

具体练习方法如下：

（1）陆上模仿。练习者俯卧在凳子上，按照动作的要点、节奏，进行完整地配合模拟性练习。

（2）下到浅水中进行两腿交替打水和单臂划水动作练习，并逐步配合换气练习。

（3）蹬游泳池壁在水中向前俯滑过程中反复强化完整技术动作的配合练习。

五、自由泳的完整配合练习方法

（一）陆上站立分解练习

陆上两脚并拢站立，上体前倾，两臂前伸，当一侧手臂划臂时，另一侧手臂仍然前伸；等划水手臂完成划水动作后，另一手臂才开始划臂。这样的练习可以使游泳者将注意力集中在划臂和打水上，有利于建立正确的技术动作。

（二）陆上站立模仿配合练习

陆上两脚并拢站立，上体前倾，手臂前伸。做手臂与呼吸的配合模仿练习，通过练习和掌握划手与呼吸的技术概念。

（三）陆上俯卧模仿配合练习

成俯卧姿态，做手臂、腿配合的模仿练习。此练习主要是建立正确的技术概念和收配合的用力节奏及协调能力。

（四）划臂时加上呼吸动作

随着熟练程度的增加，逐渐增长游泳的距离，在练习中感受和改进自由泳完整的配合技术。

六、自由泳的常见错误与纠正方法

（一）腿虽用力打水，但身体不前进或前进速度较慢

产生原因：屈膝运用小腿打水，屈髋打水。

纠正方法：按鞭状打水练习要点，在水中扶浮板进行直腿打水动作练习，并逐步过渡到屈腿打水动作练习。

（二）臂入水后压水，划水动作变为抹水

产生原因：直臂入水后，采用沉肘方式进行划水。

纠正方法：双臂做入水至划水动作都要保持屈臂高肘，使双手掌心和前臂迎水向后用力划水。

（三）划水动作结束身体出现下沉

产生原因：划水动作结束时，手形变成往上撩，使掌心向上。

纠正方法：认真体会将手从裤兜里抽出的动作。在浅水区行进过程中练习臂部划水动作，注意保持手掌掌心向后。臂出水时一定要提肘，然后按照肩——上臂——前手的顺序依次出水。

（四）完整配合动作时却吸不到气

产生原因：俯卧水中时没有外吐或者没能吐净气，臂部划水动作与转头吸气动作配合时机不当，因为怕呛水或怕喝水而不敢吸气。

纠正方法：按照呼吸练习要点，在开始划水动作时便进行呼气，划水过程中向体侧转头看肩时用嘴猛吸一口气，然后稍闭气，做空中移臂动作。反复强化进行这一配合练习。

七、自由泳技术专门性练习

（一）腿打水练习

1. 两臂前伸，抬头，做自由泳腿练习。主要是增加迎面阻力，要求用力打水。

2. 两臂置于体侧，脸入水，做自由泳腿练习。身体要伸直，主要体会打腿时身体的平衡姿势。

3. 两腿置于体侧，抬头，做自由泳腿练习。主要是增加迎面阻力，要求用力打腿，并注意身体平衡姿势。

4. 两臂前伸，身体潜入水中，做自由泳腿练习。身体要伸直，呈流线型，主要强化两腿和两脚打水的感觉。

5. 两臂置于体侧，身体潜入水中，做自由泳腿练习。主要强化两腿和两脚打水的感觉。

6. 一臂向前伸直，一臂置于体侧，身体沿纵轴做四分之一滚动的自由泳腿练习。每次打腿6次肩上下滚动一次。模仿自由泳身体滚动约成45° 入水，但要注意下肢不能滚动和摆动，应保持平稳姿势。

7. 扶充气球或自行车内胎做自由泳腿练习。主要是增加迎面阻力，要求用力打水。

8. 一臂扶游泳板，一臂置于体侧，按照练习6做身体滚动打腿练习，也可以结合呼吸进行。

9. 戴脚蹼用上述任何一个练习做自由泳腿练习。主要变化练习手段，要求用力打水，提高对水的感觉。

（二）臂划水的练习

1. 脚套自行车内胎做臂划水练习，提高划水的臂力。

2. 两腿伸直并拢做划水练习。要求两腿不能打水，增加划水感。

3. 穿网球鞋，两腿伸直并拢做划水练习。要求练腿不要打水，提高臂力，增加划水感。

4. 大腿夹游泳板做划水练习。要求臂出水时要擦髋侧而过，移臂时手要擦耳背侧而过。主要练习提肘出水和高提肘移臂技术。

5. 大腿夹游泳板做臂划水练习。要求移臂经肩上空时，肩沿耳背向前移，主要练习移臂转肩动作，体会伸展背阔肌的动作。

6. 系橡皮条做划水练习。用有弹性橡皮条，一端系住踝关节处，一端系在岸上，进行划水练习。这样可以加大阻力，发展比例，提高划水感。

7. 戴划水掌做上述任何一种练习。增加阻力提高水感，发展臂力。

（三）配合技术的水中练习

1. 自由泳前交叉划水配合游。要求划水路线要长，体会臂入水、抱水、划水、出水、移臂每一个过程，加大划水动作的幅度。

2. 抬头游自由泳。要求划水路线稍短，高抬肘，用力游，主要是增加阻力，加深体会入水后前半段划水的动作。

3. 高频率自由泳动作练习。要求抬高肘，缩短划水路线，加快动作频率。

4. 自由泳三次划水呼吸一次的两侧进行呼吸配合练习。要求保持身体平衡，发展两面呼吸技术。

5. 手臂慢入水练习。要求用力打腿，注意臂入水技术。

6. 一腿弯曲出水的自由泳，发展手臂的力量。

7. 抬头，一腿弯曲出水的自由泳，加大阻力，发展手臂在水中持续用力的能力。

8. 耸肩游自由泳练习。要求身体保持稳定，主要发展肩关节的柔韧性。

9. 两手置于腋窝，高抬肘，仿鸡翅膀做拍水动作，要求两肩做滚动动作。发展肩关节灵活性，体会快转肩和高提肘的关节。

10. 两手不完全置于腋窝，高抬肘，仿鸡翅膀做拍水动作。主要发展肩关节灵活性，体会高提肘关节技术。

11. 两手离开腋窝，高抬时，仿鸡翅膀做拍水动作。主要发展肩关节灵活性，体会高提肘技术。

12. 一臂置于体侧，做单臂自由泳练习。要求划水动作频率要快，入水快，打腿用力。置于体侧臂的肩要配合划水臂上下滚动。

13. 握拳做上述任何一种练习。变换练习手法，发展手重新张开后游进时手对水的感觉。

14. 手戴划水掌做上述任何一种练习，加大阻力，发展臂力，提高划水感。

15. 戴脚蹼做上述任何一种练习，增加速度感。

第六章 仰泳

第一节 仰泳的历史和技术特点

一、仰泳的产生

仰泳是因为游泳过程中，人体持仰卧水面的姿势而得名。仰泳包括反蛙泳和反爬泳两种：早期的仰泳姿势多是采用仰躺水面，以蛙泳腿部动作蹬夹水，两臂则出水或不出水同时划水进行游动，故称为反蛙泳。

1902年第五届奥运会后，逐渐出现了现代仰泳运动的雏形，即游泳者仰躺在水面上，两腿上下交替踢水，两臂在体侧交替挥动进行划水，人们便称这种姿势为反爬式仰泳。仰泳的游进速度比蛙泳快，但比自由泳和蝶泳慢。1912年，美国游泳者赫布湼尔采用爬式仰泳获得了100米冠军，证实了爬式仰泳技术的优越性。其他姿势的仰泳才逐渐从竞技游泳中消失，成为实用游泳姿势来使用。以后，仰泳技术不断发展，经历了水下直臂划水到曲臂划水，不转肩到转肩。1986年，民主德国游泳者马特斯，采用大屈臂、深划水、强有力打腿、动作伸展、身体平而高，讲究流线型技术，获得男子100米仰泳冠军，并以58.7秒的成绩破1分钟大关，成为仰泳技术发展的转折。由此，奠定了现代仰泳技术的基础。1986年，苏联游泳者波利扬斯基接连两次创造了100米仰泳的世界纪录，他的仰泳技术具有身体位置较平、呈良好的流线型，躯干肌肉积极参与有效动作，两臂划水屈臂程度较大，离水面较深、移臂高、两腿打水强而有力等特点。

二、现代仰泳的技术特点

人在水中游泳时所受的垂直方向的力，有向下的重力和水作用于人体的向上的力。这种向上的力，可以看成是两部分组成：分别是静水浮力与动水升力。如人体在静水中不动，只有静水浮力，人在水中游进时，既有静水浮力，又有动水升力。

在学习游泳技术的初期，我们首先要掌握的就是人体在水中的漂浮能力，也就是要学会利用水具有浮力的这一特性。人体密度平均值0.96～1.05克/厘米，可人体的密度与水的密度是非常接近的。当身体的密度低于或等于水密度的时候，人可以很轻松地漂浮在水面上；而当身体的密度高于水密度的时候，人虽不能轻松实现漂浮，但可以通过肺呼吸来控制身体体积的变化，以影响自身的身体密度，实现漂浮；但仍有部分人是因为身体密度高于常人，所以即使充分吸气也无法使身体漂起。可是这也并不表示这一类人群就无法学习游泳技术，这时就需要利用动水升力，通过四肢稍作适当的动作，产生动水升力，再加上肺呼吸的配合，也可以使身体实现漂浮。

摩擦阻力是指当人体在水中向前运动时，身体周围的水沿着身体表面轮廓向身体运动方向相反的方向流动时所产生的一种阻力。由于水的黏滞性，人在水中游动时，紧贴皮肤有一薄层水随人体一起前进，因而形成边界层。在边界层内存在着黏滞阻力，也就是摩擦阻力。摩擦阻力的大小主要取决于人的游进速度、浸入水中的面积、表面粗糙程度、水质及水温等，如游泳者穿的泳衣、泳裤的质料会直接影响摩擦阻力的大小。

形状阻力（或压差阻力）是指人体在水中游动时，由身体前后水流变化的压力差所引起的一种阻力。这是由于在游进过程中在人的背部和身后产生涡流和伴流而形成的阻力，它与人的体型、姿势及游进速度有关，是游泳阻力的主要组成部分。

仰泳游泳者比其他游泳者更难保持身体的直线型，这是因为游泳者的手臂是轮流划水，而且一臂是容易比较靠外。

根据仰泳技术的要求，在进行水下滑行时两臂尽可能地前伸并拢，头夹于两臂之间，身体成为两头尖的流线型体。头部过于后仰，容易使髋部抬高，腿和脚露出水面，影响打水效果，并容易挺胸弓背，使躯干过于紧张僵硬；反之刻意收下颌，抬高头的位置，髋和腿就会下沉，身体容易“坐”在水中，增加身体前进的阻力。

波浪阻力是指人体在接近水面和水面上施力形成波浪而产生的一种阻力，分为兴波阻力和碎波阻力。当游泳者游进时破坏了水的平衡而使水面振荡，水面产生波浪所消耗的能量造成的阻力称为兴波阻力。当游泳者游进速度较快或划臂、打腿的动作会使波浪破碎形成飞沫，造成水花，这部分能量损耗而形成的阻力叫碎波阻力。研究资料表明，船舶的碎波阻力最大时可达到总阻力的25%，所以在仰泳技术中造成水花飞溅的现象也可作为技术优劣的参考因素。

三、仰泳游进过程中的主要技术

（一）始终保持身体流线型，头部位置更加平直

头部位置更加水平。现代许多仰泳游泳者使水平面与头顶齐平，头夹于两臂之间进行滑行。良好的流线型姿势能减少游进中的阻力，从而从一定意义上提高动作的效率。

（二）身体围绕纵轴转动的幅度加大，注重发挥躯干“核心”力量的作用

髋部带动躯干的转动符合运动中早发力、利用大肌群运动的原则。躯干带动肩部的转动有利于手臂出水及空中移臂。要求尽可能保持游进过程中身体的流线型。

（三）技术动作更加紧凑连贯、加强动作节奏

技术的紧凑连贯符合仰泳的3R原则。良好的动作节奏有助于发挥身体转动的力量，而身体的转动可减轻臂部的重力作用，并可减少阻力。

（四）强力的仰泳打腿

强力打腿不仅能推动身体前进，而且能使身体处于较高位置，从而保持更好的流线型。仰泳腿又是协调配合技术，协调动作节奏的主要因素，还能起到兴奋神经系统调节频率的作用。

四、现代仰泳技术的发展趋势

仰泳技术的改进是当今竞技游泳界的重点课题之一。2010年世界游泳教练年会上，世界冠军教练员就指出要高度重视技术，每次成绩进步，都是技术进步的结果。在仰泳技术中，直、平、尖、紧的身体位置，协调而有节奏的技术动作，有效合理的动作幅度，良好的伸展度和放松动作，有效“减阻”及发挥最大推进效率，充分发挥“核心力量”等是判断仰泳技术合理性的要素。

（一）加强游进中始终保持身体的流线型

所谓流线型是指“直、平、尖、紧”。提高划水效率和减小阻力可以提高仰泳成绩，而游进中始终保持身体的流线型就是减小阻力的一种体现。“直”为身体姿势要保持正直，主要是保持头和腰的正确姿势（是否收紧下颚，是否收腹、提气，抬高下肢），同时也包含了身体在滑行及前进时的运动轨迹；“平”指身体在运动中的平衡能力和动作的平滑程度，包括四肢动作的平滑及神经系统控制肌肉运动的协调能力等；“尖”指身体在水中滑行时手和脚的并拢程度，要求对水的迎面阻力要尽可能地小；“紧”是指全身肌肉的紧张程度。游泳者在游进过程以及转身动作时要保持身体的适度紧绷，这就是要求游泳者在游进中尽量保持流线型的身体形态。

（二）仰泳运动的“3R”原则

要在仰泳比赛中取得优异成绩，最好遵守3R原则，即节奏（rhythm）、放松（relaxation）和转动（rotation）。节奏有助于发挥身体转动的力量。转动指由髋部开始的身体转动动作，身体转动动作可加大划臂力量，并可减少游进阻力。放松有利于保持稳定的划臂力量。移臂动作和呼吸方式是动作能否放松的两项重要因素。

（三）协调而有节奏的技术动作

协调性反映着身体各部分肌肉、肌群以及各运动器官之间时空配合、协调一致的关系。而对于一个单一动作周期性运动项目来说，协调性好，可有节奏地将身体各部分的关节肌肉联系起来，共同发挥力量能力。协调和节奏感好的好坏往往能够反映出游泳者仰泳技术的合理性。

（四）有效合理的动作幅度和动作频率

“幅度”是反映划水效果，肌肉弹性和技术好坏的可靠指标，而一定的动作频率是调高仰泳速度的必备条件。实际上，仰泳速度的提高应该是合理的“划频”和“划幅”的最优化结合。在研究中我们发现，游泳者在划频和划幅的控制上具有很大的个性差异，训练中我们其实要解决的就是要了解运动自身的身体特点和技术特点，再根据实际情况去有效地解决其“划频”和“划幅”的最佳组合。

（五）注重核心力量

近年来核心力量在仰泳项目的重视受到普遍的关注。过去强调最多的是四肢动作的力量表现，而忽视了躯干的作用。美国科研人员和教练员认为，核心力量主要有3点：1. 发力来自腰腹部。2. 力是通过全身的协调工作进行传递。3. 用力时保持身体平衡。

第二节　仰泳技术与训练方法

一、仰泳的腿部动作

（一）仰泳的腿部动作与练习方法

动作要点：仰泳双腿踢水能起到维持游泳者身体平衡和推动身体前进的作用。仰泳踢水动作是以髋关节为轴心，大腿发力带动小腿和脚向后上方用力踢水和向下直腿压水。踢水时脚稍内旋，踝关节保持自然放松，展髋，膝关节不露出水面。

练习方法：

1. 陆上模仿。坐在凳子上以手后撑，做直腿和屈腿交替踢水动作练习，并逐步过渡到坐到游泳池边将小腿浸入水中做这一踢水动作练习。

2. 在浅水区中请同伴托扶后背或后脑练习踢水动作。

3. 在水中垫浮板于头下练习踢水动作。

4. 蹬池壁或池底仰卧水面浮漂过程中练习踢水动作。

（二）身体姿势

游泳者采用仰泳泳式时，保持身体呈流线型仰卧水面，头和肩位置稍高于臀部，胸腹几乎成一直线。身体纵轴与水平面呈40° ~60° 的迎角。游进过程中，尽量利用水流的上升力，使身体上升，从而减少迎面阻力和移臂阻力，并使腿处于对水面。踢水时膝部不要露出水面，以便充分发挥腿部踢水产生的推进力。游进过程中头如掌握方向的舵，要保持相对稳定，后脑浸入水中，面部始终露出水面，眼看脚尖踢水或脚尖方向，划水臂有节奏地围绕身体纵轴向体侧转动约40° ，为另一臂出水、减小水流阻力和加长划水路线创造条件。

二、仰泳的手臂动作

动作要点：仰泳双臂划水是促使身体前进的主要推进力。仰泳手臂划水的一个动作周期是由入水、抓水、划水（拉水和推水）、出水和空中移臂五个部分分割的阶段组成。划水动作要求连贯，速度均匀，空中移臂和水肿动作节奏相同。并随着练习时间的增加，划水速度逐渐加快。手臂划水的运动轨迹是一条“S”形路线。

抓（抱）水：抓水动作是手臂入水向划水动作的过渡，并为手臂划水处于最佳部位创造条件。

划水：应以肩为轴心，手臂以屈臂高肘姿势开始划水，划至大腿侧下方为止。

出水与移臂：手臂做出水动作时先压水再提肩，并以肩带动上臂一前臂—手顺序出水，移臂要高，入水点要远。空中移臂动作由肩的垂直面从后向前做出快速移动，仰泳两臂划水动作一般采用“连接式”配合方法，即一臂入水时，另一臂正好划水动作结束；一臂划水至肩的垂直面时，另一臂则空中移臂至肩的垂直面。这样，保持使两臂动作始终处于对角线的交叉位置上。即一臂入水时，另一臂正好划水动作结束；一臂划水至肩垂直面时，另一臂则空中移臂至肩的垂直面。这样，保持使两臂动作始终处于对角线的交叉位置上。

练习方法：

动作练习熟练后，可仰卧凳上练这一交替划水动作的配合练习。

1. 陆上模仿。站立陆地上练习单臂和两臂交替划水动作。具体练习方法可做到：右臂上举划水时左臂做空中移臂；左臂划水时右臂进行空中移臂。动作熟练后，可仰卧凳上练这一交替划水动作的配合练习。

2. 下到浅水中边后退边做双臂交替划水动作配合练习。

3. 仰卧水面请同伴托扶膝部做上述动作练习。

4. 下到浅水区后倒蹬池底仰卧水面漂滑过程中，练习双臂交替划水动作的配合。

5. 仰泳过程中呼吸和腿部臂部的配合与练法。

配合方法：仰泳时游泳者面部始终露在水面上，呼吸随动作节奏进行。呼吸时，通常采用一臂空中做前移动作时以嘴吸气，待到另一臂做空中前移动作时则以嘴吐气。呼吸和臂部、腿部动作三者完整配合比例通常采用1：2：6，即两腿交替踢水6次，两臂各划水1次，则配合1次呼吸。

练习方法：

1. 在水中仰滑过程中做单臂划水动作练习。具体练习方法是游泳者保持一臂在头部前方伸直，另一臂做划水动作练习。

2. 在水中仰滑过程中练习踢水动作和两臂交替划水动作的配合。

做上面两种方法的练习，均应按照仰泳的呼吸要求要点、配合时机，主动进行呼吸与手臂腿动作的配合。

三、仰泳的呼吸技术

在游仰泳时，由于身体是仰卧在水中，所以，当水没过鼻子和口时只能用鼻子向外呼气（此时如果憋气就会呛水），当鼻子和口露出水面时用口吸气，根据手臂的转动有节奏地进行呼与吸的交替，这样就可以安全地解决呛水问题。

错误动作：一般做呼吸时呛水是重要问题。大多数练习者会在呼吸时呛水，是因为不会在水中呼气，因为多年陆地上习惯用鼻子吸气，在水中要用嘴呼气不习惯，偶尔会用鼻子在水中吸气，这样就会呛水。还有的练习者口露出水面时直接张口吸气，这样会把水吸到口中咽下去，也会导致呛水，呛水后就会产生恐水心理，这样就不好继续学下去。

纠正方法：练习时，可以先做原地扶池边的呼吸练习。将头沉入水中用鼻子和口在水中呼气，抬头后用口先呼气再吸气。然后先将呼吸与仰浮或反蛙泳配合，熟练后再与仰泳手臂配合，最后与仰泳手臂和腿配合。

四、漂浮板使用技术

（一）漂浮板练习作用机理

游泳漂浮板的密度小于水，可对扶板者产生浮力，达到支撑或抬高练习者上体的目的。浮板的构成主要为橡塑性发泡材料，密度极小，约为 $0.1\times10^3\text{kg/m}^3$，是水密度的1/10，水密度为 $1\times10^3\text{kg/m}^3$。根据阿基米德定律，浮板在水中所产生的浮力为浮板所排开水的体积，对扶板者产生的浮力为浮板的排水体积减去板自身的重量。浮板越大，没入水中越多，产生的浮力越大，板完全没入水中达到最大。人体的密度为 $0.95\sim1.05\times10^3\text{kg/m}^3$，在水中处于悬浮或下沉状态，扶板练习时利用浮板对人体产生的浮力，可以支撑或抬高上体的位置，保持口鼻在水面或促使口鼻露出水面，达到呼吸换气的目的。

（二）漂浮板的选择与使用

1. 根据游泳所需浮力大小选择适当的浮板

根据游泳所需的浮力大小选择合适的浮板。浮板的种类较多，适合手扶的一般有：A字板、方形板、倒U形板、海豚板和牛头板几种。其中方形板，倒U形板较大，可产生较大浮力，同时前进产生的阻力也较大，适用于成人或初学者使用。A字板一般体积较小，头部接近钝锥形，产生的浮力较小，前进阻力也较小，一般适用于少年儿童或者具有一定水平的游泳者训练提高使用。海豚板和牛头板为专业性浮板。

2. 根据游泳练习的目的选择恰当浮板

根据游泳练习的目的选择恰当浮板。根据浮板的厚度，方形板，倒U形板又可分为大于3厘米的一般板与小于3厘米的冲型板。冲型板的浮力与前进阻力明显小于一般板；海豚板同倒U型板大小差不多，但头部较圆，厚度介于一般板与冲型板之间，有固定的握手位置；牛头板同海豚板差不多或稍小，但板上有孔洞，形状像牛头，产生的浮力较海豚板小得多；A字板小且流线性好，浮力和阻力最小。根据板产生的最大浮力与前进阻力比较：一般方形板〉一般倒U型板〉冲型方形板〉冲型倒U形板〉海豚板〉牛头板〉A字板。其中，海豚板适用于浮力大但阻力较小的蝶泳海豚腿练习与提高，牛头板适用于仰泳使用。对于初学游泳的成年人或者青少年，支撑或抬高上体吸气所需的浮力较有一定水平的提高者大得多，此时前进的阻力不是主要考虑的因素，浮力才是问题的关键，适用于一般方形板与一般倒U型板。随着腿部技术的提高，速度的加快，人体在水中升力的增大，支撑上体吸气所需的浮力越来越小，前进的动力慢成为追求的目标，这时就可选择浮力大阻力小的冲型板了。对于运动训练提高阶段，仅腿部动作就可以游进一定距离时，前进速度成为练习的目标时就可以使用A字板了。

3. 根据游泳练习的目的选择恰当的扶板姿势

浮板姿势有两种：一种为侧扶板，它要求扶板者双手握住浮板两个侧面前往后的三分之一位置，一般采用大拇指伸直与食指分开呈八字形压在浮板正面，大拇指朝内，食指伸直朝前压住浮板的上边缘，其余三指弯曲抓住浮板的下边缘，双手臂伸直压于浮板的两上侧边缘位置的姿势。采用这种扶板姿势人体头部与浮板尾部有较大空间，头部可配合埋于水中进行憋气或者配合进行呼吸练习。另一种为抱板扶板，它要求双手拇指在上其余四指在下握住浮板前端偏中间位置，双臂伸直置于浮板上，形成所谓的抱板扶板姿势。这种扶板姿势有利于上肢的下压与支撑，可将头部保持于水面，专注于腿部技术的练习，而且上臂置于浮板上，有利于上肢放松和上肢的借力，有利于腰部动作与腿部动作的发力与配合。

（三）浮板使用注意事项

1. 恰当的扶板位置很重要。

侧扶板要求抓握浮板的前后三分之一位置，抱板扶板要求扶住板的前端。实践中，不少初学者不注意扶板的位置，扶住板的后端，出现板头高高翘起的现象。这种扶板不仅加大了上肢的下沉深度，使口鼻难于出水，而且增大了前进的阻力，完成练习时导致上肢较大起伏，产生畏水心理，不能专注于腿部技术的练习与提高。

2. 侧扶板应根据臂长选择恰当的浮板。

由于侧扶板要求扶住侧边前后三分之一位置，它要求上肢够长，才可留出足够的空间供头部没入水中。因此较大浮板的侧扶板技术要求上肢够长，适用于成年人或者青少年。少年儿童臂短所需浮力小，可采用A字形板。

3. 扶板的使用时机不宜过早。

对于初学者，扶板应在徒手憋气蹬（打）腿达3米以上，腿部练习时下肢可以保持接近水面时方可采用。

4. 扶板时手臂伸直肩部放松也很重要

上臂放松，肩关节放松，上体与上肢才会平直，没入水中上体才够大，在水中所受的浮力才够大；否则会出现上体还没来得及抬头吸气，浮板已经被压进水中去的现象，增大口鼻露出水面换气的难度。

5. 侧扶板配合呼吸技术时，抬头的主要目的是吸气

正确地游泳呼吸技术约90%的呼气是在水中完成的，口鼻在水面的停留时间要尽可能短，达到充分吸气即可。特别是蛙泳中，口鼻露出水面还会增大人体在水中迎角，增大前进的阻力。

6. 根据不同的阶段选用不同浮板

水平越高，支撑上体所需的浮力越小，要求前进阻力越小，可选用浮力小阻力小的浮板。A字板适用于儿童与训练用。海豚板适用于蝶泳腿练习，牛头板适用于仰泳练习。

五、仰泳的完整配合练习方法

（一）仰泳整体配合的练习方法

1. 陆上手臂动作模仿练习

原地踏步，类似于水中打腿，两手臂依次交替向后摆动划水，踏步3次摆1次手臂，同时吸气，再踏步3次摆另一手臂，同时呼气，目的是熟练掌握打腿及呼吸配合的技术及节奏，为水中练习做好准备。

2. 水中助力划臂练习

在浅水中，由同伴抱住双腿，或握住脚踝，仰卧水中做仰泳手臂动作。练习时同伴可随练习者向前走动，也可原地不动以增加练习难度。

3. 夹板划水

将扶板夹于两大腿之间，身体仰卧水中做手臂动作，强化、巩固两手臂的正确技术动作，提高划水效果。

4. 扶板划水

仰卧水中，一手伸直于头上，另一手做单手划臂练习，此练习可增强身体及划手的位置感觉，双手交替练习。

（二）仰泳整体配合的易犯错误和纠正方法

1. 头高脚低

错误原因：仰卧平躺不够，主要怕平躺后身体下沉。

纠正方法：练习过程中要有意识地挺髋，尽量使身体在水中的位置变平。

2. 配合动作不协调，动作不连贯

错误原因：手腿动作未完全的掌握。

纠正方法：应加强配合动作练习，同时再多进行腿、手的分解练习。

3. 侧向摇摆，蛇形游进

错误原因：手臂入水点超过中线，造成划手时身体左右摇摆。

纠正方法：应多做手臂动作模仿练习，强调身体要随着划臂动作沿着身体纵轴左右转动。

六、仰泳的常见错误与纠正方法

（一）头高臀低坐着游泳

产生原因：游泳者过于怕呛水、喝水，仰卧水面没有展髋和展身，使身体保持流线型。

纠正方法：练习中稍低头，并适当挺腹展髋。

（二）腿虽用力踢水，但身体不前进或前进距离小

产生原因：屈膝收髋，膝部露出水面，仅依靠小腿踢水或以脚踩水，直腿屈踝进行上下打水。

纠正方法：按照仰卧双腿踢水的要点，坐在池边，将小腿浸泡在水中做大腿带动小腿直腿下压动作，当下压动作快结束的时候，小腿随下压的惯性屈膝，然后仍以打腿带动小腿屈膝向后上方踢水。动作练习熟练后，便可下到水中进行完整的配合练习。

（三）鼻子呛水

产生原因：头过于后仰而面部位置低于臀部；用鼻呼吸。

纠正方法：仰躺水面保持头、肩的平面位置稍高于臀，尽量用嘴吸气。

（四）游进过程中身体左右晃动较大

产生原因：游泳者头部没能保持稳定，身体没有展开，腰腹没能适度紧张，手臂入水动作超过肩的延长线，完成划水动作过早。

纠正方法：首先保持头部稳定，仰卧水面使身体保持成流线型，眼看脚尖的方向，手臂在肩的延长线上入水，做划水动作前一定要经过抱水阶段，再逐渐加力进行划水动作。

七、仰泳技术专门性练习

（一）腿打水技术的练习

1. 两臂向前伸直，身体潜入水中做仰泳腿练习，要求身体伸直成流线型，发展两腿打水力量，强化两脚打水，对水的感觉。

2. 两臂向前伸直，两手套入自行车内胎或手扶游泳板，做仰泳腿练习。改进身体位置，提高手臂支撑能力，增加腿的打水感。

3. 戴脚蹼做上述任何一种练习，发展速度感。

（二）臂划水技术的练习

1. 脚套自行车内胎，一臂置于体侧，一臂做划水练习，要求加大划水幅度，保持身体流线型姿势，发展划水力量。

2. 大腿夹游泳板，一臂置于体侧，一臂做划水练习。要求加快动作频率，保持身体流线型姿势，发展速率。

3. 用上述两种练习，要求非划水臂在空中移臂时做提肩的练习。要求下肢不摆动，主要发展肩关节灵活性，体会转肩的节奏。

4. 两脚套自行车内胎做划水练习。变换练习手段，加大阻力，提高对水的感觉。

5. 两脚穿网球鞋，伸直并拢做划水练习。要求腿不能打水，加大阻力，发展臂力，提高对水的感觉。细橡皮条做划水练习。用弹性橡皮条，一头系在脚腕，一头系在岸上，进行仰泳划水练习。加大阻力，提高臂力，发展对水的感觉。

6. 握拳做上述任何一种练习，变换练习手段，发展握拳后重新张手的对水的感觉。

7. 手戴划水掌做上述任何一种练习，发展臂力，提高对水的感觉。

（三）配合技术的练习

1. 单臂游，非动作的手臂置于体侧，配合将肩提起，要求肩做转动动作。注意提肩的节奏。

2. 单臂游，非动作的手臂置于体侧，配合做四分之一移臂动作，并注意将肩提起，要求肩做转动动作，注意移臂提肩的节奏。

3. 单臂游，非转动的手臂置于体侧，配合做二分之一移臂动作，并注意将肩提起，要求肩做转动动作，注意移臂提肩的节奏。

4. 两臂置于体侧，做仰泳腿打水，两肩做转动练习。开始打6次腿将右肩提起转肩，再打6次腿将左肩提起转肩，这样两肩轮流进行。过渡到打3次腿转肩1次。需要注意的是转肩与打腿配合的节奏。

5. 双臂划水仰泳游，要求垂直移臂，注意两臂都要同时擦耳而过入水。体会肩带肌肌发力参与划水。

6. 提肩游，在游进中，特别注意提肩的动作，强调尽量把肩提起，弹药保持下肢不摆动，主要提高肩关节灵活性，体会肩的转动。

7. 戴脚蹼做上述任何一种练习，改进身体位置，提高对岁的感觉和速度感。

8. 手戴划水掌做上述任何一种练习，变换练习手段，发展臂力，提高划水感。

9. 握拳做上述任何一种练习，主要是变换练习手段，发展握拳后张开手的对水感觉。

第七章 蝶泳

第一节 蝶泳的历史和技术特点

一、蝶泳的产生

蝶泳是游泳的一个泳姿。20世纪30年代初，有的游泳者为了提高蛙泳的速度，在划水结束后把臂提出水面，两臂从空中向前摆进，好像蝴蝶展翅的样子，因而被取名为蝶泳。当时这种新的游泳姿势经常和蛙泳作为同一项目，统称为俯泳，一起进行比赛。1953年，国际泳联规定，蛙泳和蝶泳分开进行比赛。蝶泳与蛙泳分开后，蝶泳成为一个独立的比赛项目。直至1956年，奥运会才把蝶泳和蛙泳分开，作为独立项目进行比赛。此后，为了使蝶泳技术得到迅速改进和提高，在蝶泳规则中增加了可以在垂直面进行上下打腿的规定，这样就为蝶泳的变种海豚泳参加正式比赛提供了依据。海豚泳是以模仿海豚的游泳动作而得名。

海豚有半月形的尾鳍，游进时利用躯干和尾鳍做上下的波浪动作来推动身体前进，游速很快。海豚泳在很早以前就已经出现，20世纪30年代美国游泳者曾采用海豚泳的技术创造过好成绩，因当时受规则的限制，未被列入比赛项目。规则修改后，仅仅几年的时间海豚泳就代替了原来的蹬腿蝶泳。1957年，匈牙利游泳者G.图姆佩克采用海豚泳以1分3秒4的成绩第1个创造了100米蝶泳的世界纪录。在竞技游泳发展史上，可以说从来还没有像海豚泳这样发展得如此顺利和迅速的。

蝶泳的打腿速度是竞技游泳中最快的一种，它的双臂划水力量也是竞技游泳中最大的一种，如果它的运动成绩再迅速提高，就可能取代自由泳而成为世界上最快的游泳姿势。但它至今还未能超过自由泳，原因可能是它的推进力量与自由泳相比还是不均匀。两臂同时划水，虽然能产生很大的推进力，可是在移臂时速度迅速下降，这种不均匀的前进速度，必然消耗更多的能量，影响运动成绩进一步提高。50年代以来，美国、匈牙利、日本、澳大利亚、德意志民主共和国、德意志联邦共和国、瑞典等国的蝶泳成绩比较突出。

1924—1933年期间，蛙泳最大的革新是划水结束后两臂由水中前移改为由空中前移，但仍采用蛙泳的蹬夹动作，出现了蛙泳的变形——蝶泳。1936年国际游联对蛙泳规则作了补充，允许在蛙泳比赛中采用蝶泳技术，于是蝶泳取代了蛙泳。在1948年第十四届奥运会200米蛙泳比赛中，只有一人采用蛙泳技术。

1952年第十五届奥运会200米比赛中，游泳者全部采用蝶泳技术。蝶泳正式列为一个新的项目。当时规则还允许蛙泳可以采用水中潜水游进。由于潜泳阻力小，能充分发挥臂力，速度快，于是到1956年十六届奥运会上几乎所有的男子蛙泳游泳者都采用了长划水的潜水蛙泳。当时日本游泳者古川以2分34秒7的成绩创造200米世界新纪录，我国优秀游泳者穆祥雄也采用潜水蛙泳创造了新的世界纪录。第十六届奥运会后，国际泳联重新修订了规则，宣布取消“潜水蛙泳”，只允许在出发和转身后做1次划水和1次蹬水的潜水动作，而整个游程中禁止在正常水面下潜泳。于是水面蛙泳又得到了恢复和新的发展。

蝶泳与蛙泳分开后，蝶泳技术得到了迅速发展。近10余年来蝶泳技术都是两臂同时划1次，打水2次。蝶泳时，身体俯卧在水中，依靠两臂强有力的划水和腿的波浪形打水动作推动身体前进，没有固定的身体姿势。

二、现代蝶泳的技术特点

海豚泳和蹬腿蝶泳的臂部动作基本是一样的，主要区别在于腿部动作。蹬腿蝶泳时，由于收腿产生阻力，影响动作的连贯性和前进速度。而海豚泳采用波浪式的上下打腿动作，动作连贯，前进速度比较均匀。由于海豚泳技术比较先进，已为广大蝶泳游泳者所采用。

现代蝶泳（指海豚泳）的基本动作是，两臂入水后向外分开时手心转向侧外，然后转向侧下进行划水，这时保持高肘姿势，使手和小臂形成较好的对水位置，并开始由前向后，由外向里划水，划至腹下时肘关节弯曲程度达到最大，两手相距很近。接着向后向外推水结束臂的划水动作。两手在大腿两旁借助于划水的惯性出水，两臂从空中绕半圆形向前移，至前方伸直入水，入水点与肩同宽。腿部动作，两腿并拢进行波浪形的上下打水。腿打水时，由躯干发力，大腿下沉，膝关节弯曲，使小腿和脚面向后对准水，然后用力向后下方压水。当小腿和脚向下压水时，及时抬起大腿，形成鞭状的打水动作，连续不断地推动身体前进。蝶泳的手臂和腿的配合动作为1∶2，即臂划1次水，腿打2次水，在臂入水时打第1次腿，臂划水至后部时打第2次腿，同时抬头吸气。现代蝶泳的技术特点之一，是在游进时身体呈波浪形。这对其他游泳姿势来说，被认为是不合理的。但是蝶泳却成功地利用波浪动作来推动身体前进。正因为如此，曾经有人主张在蝶泳中采用大波浪的游进动作，而且在历史上有的游泳者已经获得成功。但从近些年的技术发展趋势看，许多优秀的蝶泳游泳者均采用小波浪形的游进动作。

蝶泳要领口诀：

胸腋下压，肘尖相离，收腹提臀，入水铁律。

侧压划水，内扫发力，虎背升腾，后摆弹臂。

耸肩甩腕，悠移双翼，轻拿轻放，肘高手低。

腿起腿落，源自腰脊，蛇态波状，首项为旗。

口诀详解：

背泳开始，双手在肩宽位置入水，双足跖屈，准备开始下打动作，头部稍微前倾。回手时双臂所产生的动量，使双手下沉，并加上肌肉力量，使手臂作斜线的外划。双腿下打动作开始。

踢腿完成，划水继续。腿下踢的反作用力造成臀部抬升水面。头部开始上提。双臂划向下向后，达到最大宽度，肘关节抬高。双腿完成第一次打水动作。双手经过身体正下方，接近接触90°。当手经过肩膀下方，肘部开始接近身体。双腿开始打水。泳员颈部开始屈曲，头部微沉于水中。

双臂提离水面，开始回手动作。双腿上捉，膝关节伸直，头部低下，使回手动作更为容易。双手挥过肩膀，手掌向下方，肘关节完全伸展。双足开始跖屈。双手沉入水中，大腿同时做下打动作。膝关节屈曲加大。双足接近露出水面。当划水的第一阶段，腿下打动作接近完成。泳员在前一循环闭气，在臂划开始的同时，作呼气动作。上臂的旋转造成高肘的位置。

（一）手臂

臂划水在蝶泳中起主要推进作用。划水技术包括入水、抱水、划水及移臂几个阶段。两臂在肩的延长线上入水，顺序是手、前臂，上臂肘关节最后入水。臂入水时要放松，不要压臂而要压肩。手入水后头肩的位置低于肘关节。臂入水后，随着身体向前的惯性，两手继续外分，然后手再转向内做勾手抱水动作，同时稍提肘，拉开肩带肌群。此时两手距离最宽，在头前形成一个良好的抱水姿势。这时小臂与水面约成45° 角，开始划水。手从外向内后下方划水，两手划至头的下方时距离较近。有些游泳者是划至肩的下方时距离最近，约10厘米。然后向后推水。手沿胸腹部下方推水时逐渐分开距离，尽量保持向后的对水位置。当肘关节靠近体侧时，两手迅速向外后方推水，以肘为支点结束划水，出水及向前移臂。随着结束推水的惯性速度，屈肘迅速将手提出水面。臂出水后由肩带动上臂、前臂，沿水面迅速移向前方。移臂时臂应自然放松，不宜提得太高。肩此时处于较高位置。臂超过肩后肩开始下压，但臂仍向前送。

（二）躯干和腿

打腿时两脚自然并拢，以腰腹发力，压肩提臀，带动腿向后下方做鞭状打水动作。屈膝向下打水时稍提臀收腹，打腿结束时膝关节伸直。向上打水时稍挺腹主要是用力向下打水，上下动作的幅度两脚约距40 ~ 50厘米。

（三）呼吸及配合

当臂入水时，用鼻嘴开始均匀吐气。推水时抬头，手出水时张大口吸气，臂移过肩时憋气。腿臂配合要领是：手入水时第一次打腿，手推水时第二次打腿，推水结束打腿也结束。第二次打腿时膝屈的角度较大，打腿用力程度较大。

三、蝶泳游进过程中的主要技术

蝶泳是四种竞技游泳姿势中最难掌握的一种姿势，蝶泳节奏性强，体力消耗大，很少有人采用这种姿势进行长游。蝶泳身体姿势呈波浪式摆动，为了减少垂直阻力，现代蝶泳采用了小波浪打腿的技术，蝶泳两臂同时向后划水并经水面上向前移臂，这一动作特点决定了蝶泳在一个动作周期中浮力和平衡损失比其他泳式大（两臂移臂使身体减少了较大的浸水面积，两臂同时向后使重心后移加重了腿部负担）。蝶泳游起来运动负荷较其他泳姿大，对锻炼身体、增强力量效果显著。下面介绍几个技术要点：

（一）自然的呼吸动作

蝶泳呼吸动作近似于蛙泳，在两臂向后推水时，嘴前伸吸气，切忌挺胸抬头，尽量减少身体上下起伏。蝶泳要做到自然的呼吸，应首先与两臂动作协调配合，即推水伸颌抬头吸气，移臂低头呼气。在长游中蝶泳呼吸与手臂动作的配合是1：1，即1次划臂1次呼吸。其二是呼吸充分而有节奏，呼吸要保持一定的深度，才有利于气体交换，因此在节奏上就应该相对稳定，特别是长游时更要注意这点。

（二）协调有节奏的臂腿配合动作

蝶泳的节奏性是蝶泳配合技术最显著的特点之一，有专家认为，蝶泳就是有节奏的泳式。蝶泳臂腿的配合形式是1：2，即两臂划水1次，打腿2次。体现这个节奏的核心是两臂推水动作与第二次打腿的配合，要求两个动作同时完成。这就是说第二次打腿到最低点两臂推水结束并开始移臂。初学者往往在这一点上失去正确的节奏。躯干摆动要与臂腿动作协调，不能以打小腿代替腰的摆动，造成臂腿动作僵硬不协调。要纠正这一点应强调两臂入水点远一些，肩带放松并前伸，借助此时向下打腿的反作用力提臂，从而使初学者逐步形成良好的蝶泳配合节奏。

（三）逐渐增长游距

增加蝶泳长游距离应该注意以下几点。增长游距要以维持正确的动作节奏为前提。如果以不规则的动作节奏完成游距，会破坏蝶泳动作的正确节奏，使技术动作结构发生错误的改变。国内外游泳教练认为，蝶泳练习距离不宜太长，最好在25米短池进行训练，这有利于保持蝶泳正确的技术动作和正常的动作节奏。因此增加蝶泳游距离的最好方法是分段练习法，即把目标距离分成几个较短的距离，用分段的形式完成。如目标距离为1000米，可分成5个200米或10个100米来完成，这样比连续游完1000米技术质量要高，动作节奏也有保证，从而达到巩固提高技术和锻炼身体的作用。

增长游距要求距离的增加应有计划有步骤，不能盲目安排。在初学阶段，不宜增加蝶泳的游距，可通过泳式交替变换练习增加距离，蝶泳穿插在其他泳式中，这样既可调节单一姿势的疲劳，又可增强蝶泳游进的能力。对中年人和少年儿童，不宜过多安排或太集中安排蝶泳长游，因为蝶泳运动负荷较其他三种泳式大，太大的负荷容易引起身体过分疲劳。老年人和身体较弱者更应慎重。他们可选择短距离练习。增加蝶泳长游距离应先增加分解动作的练习距离，如扶板打腿，夹板划臂等。为逐渐延长蝶泳配合游打下基础。

（四）提高耐力的练习

由于蝶泳游距的限制，常与其他泳姿结合，提高蝶泳耐力水平。蝶泳一般耐力练习属有氧代谢运动，提高有氧代谢水平对增强体质很有意义。耐力练习方法常采用任意游、持续游、变速游、间歇游等方法。根据游泳能量训练分类，有氧训练分四级负荷，可以根据自己的情况，选择合适的练习负荷，提高耐力水平。

四、现代蝶泳技术的发展趋势

技术水平与效率是各种泳式有效游进的基础。游泳者在消耗大量能量的同时，必须善于控制臂、躯干和腿部。自20世纪90年代后期，出现的几种蝶泳新游法大幅缩短了蝶泳比赛游进时间，并使比赛成绩明显提高。头和身体姿势的变化使空中移臂动作变得轻松了，抓水和水下动作的改进促进了蝶泳教学、训练和比赛方式的进步。

多年来，教练员们在教授蝶泳技术时，特别注意教学生做好波浪动作，虽说这可有效帮助年轻选手克服体能上的固有缺陷，但是波浪动作也会加大游泳者游进时受到的迎面阻力，只有使身体在水面尽量保持水平姿势，才能有助于减小阻力，增进划水动作效果。游泳者游进时，头部应保持正常姿势，颈部前伸，应头顶领先前游。吸气时，下巴不宜抬得过高，吸气后，头部不应有下潜动作。划臂的同时身体应进行一次流畅的波浪动作，但这次身体波浪动作尽量以最小的幅度，并在水面进行。要求游泳者游进时背部要露出水面。身体的这种姿势可使游泳者在水面游进，并可避免身体过分做上下起伏动作。前世界纪录保持者汤普森，以及她的教练奎克都主张采用这种技术，克罗克·查维奇，以及菲尔普斯也都成功地采用了这种技术。

世界顶尖级蝶泳选手现在都采用直臂移臂技术，极少有游泳者采用曾流行一时的屈臂移臂技术。使用直臂移臂技术的理由很简单，它可缩短两点间的距离。游泳者在水面上低手移臂可最大限度地提高移臂效率，可最大限度地降低移臂动作对身体姿势的影响。直移臂动作有利于身体流畅前游，可避免身体做过大的波浪动作。与屈臂移臂技术相比，直臂移臂速度更快，更有利于整个身体动作的协调配合，能量支出更经济、更合理。

为保持较高的划频，目前游泳者臂入水后都采用较快的抓水动作。尽早开始抓水有利于游泳者每次划水都能较快地进入产生推进力的划水阶段，因此，可避免在划水动作的初始阶段由于滑行距离过长，导致游速下降。虽说加快抓水速度可大大加快划频，但也会加大能耗。主项为200米的蝶泳游泳者应适当调整抓水动作，就是说在开始抓水动作前，两手手指应稍外前伸。稍节省能量的这种游法会使50米、100米和200米蝶泳比赛的平均游速产生巨大变化。蝶泳游泳者应摸索平衡力量与耐力的妥帖办法。

指尖下压、腋窝打开，开始划水动作。应保持高肘姿势，前臂应与池底保持垂直姿势。臂部只有保持这一姿势才有利于游泳者发挥背部、肩部大肌群的作用向后、向身体中部划水。当双手划至肚脐下部时，开始向外后划水，准备结束划水动作。应掌根领先，指尖朝向池底结束划水动作。在整个水下划水过程中，游泳者手掌应始终有对水的感觉。人们习惯上要求游泳者在水下划水动作的结束阶段，手掌应加快划速，然而过分强调水下划水动作结束阶段加快划速会影响配合动作，并会加大这一划水阶段受到的阻力。因此，游泳者此时不应过分在意划水这一阶段的划速，而更应在意臂、腿动作的流畅性和稳定性。

波浪不大的打腿可获得更大的推进力。菲尔普斯在200米蝶泳比赛采用连贯性打腿动作取得极佳效果。他采用了这种特殊游法，常年进行全面身体训练和比赛模拟训练。在训练中，要求年轻游泳者像跳绳那样做蝶泳打腿练习。要求游泳者双脚进行不停顿地打腿，在开始后下打腿产生推动力前，要求游泳者大致屈膝90°，上打时，要求游泳者腿部接近伸直，下打时要求用力下打。要求游泳者加强踝关节柔韧性练习，以便尽可能延长每次打腿脚掌的对水时间。每次打腿的打水幅度都应相同，不要将打腿分为主、次打腿，进行连贯性打腿要求游泳者具备极佳的协调能力和充沛的体力。

要游好蝶泳，配合时机和节奏最重要。游好蝶泳最难的一点可能是呼吸时机。在每一划臂过程中，吸气时间尽可能晚一点。应在双手划过腹下，推进力划水阶段结束时开始吸气。吸气时，下巴抬至刚刚能吸气的高度即可。吸气后，头部须立即返回原始的正直游进姿势。这就要求年轻游泳者，蝶泳时头的动作应领先臂部动作。头出水吸气动作应领先臂出水动作，以开始空中移臂动作，头入水动作应先于臂入水动作。双手入水准备抓水之前，臀部应稍上前提。要做出流畅的蝶泳配合动作，此时前上提臀十分重要。一次打腿有利于双手开始抓水，另一次打腿便于双手结束水下划水动作。这要求游泳者用掌根，而不用手指结束划水动作。如此结束划水动作更利于游泳者做出高效出水并开始空中移臂动作，并有利于最大限度地减少臂出水阶段受到的阻力。

第二节　蝶泳技术与训练方法

一、蝶泳的腿部动作

（一）蝶泳的腿部动作与练习方法

动作要点：蝶泳游泳者的躯干和腿做鞭状打水动作，是各种泳式中游进速度最快的一种。

蝶泳动作技术的鞭状打水是从腰部发力，带动游泳者脊椎、髋、膝、踝关节相继伸展、制动、传递，直到脚尖，使脚以最大的加速度做打水动作。当脚尖到达最低点时，游泳者进行挺胸收腹向下打水（即下鞭动作），这时膝关节伸直，臀部上升至水面，髋关节屈成160°；当脚尖导到最高点时，迅速含胸收腹收腿，完成上鞭动作，这时膝关节屈成110° ~130° 状态。

练习方法：

1. 陆上模仿。练习者并腿站立在陆地上，屈臂以手抱后脑或双臂上举，有节奏地做挺胸、屈膝、收腹、提臀、伸膝的波浪动作。

2. 扶游泳池边，由自由泳打水打水动作练习，逐步过渡到全身协调进行波浪打水。

3. 独自下到浅水中扶浮板做上述动作练习，体会蝶泳躯干和腿部的连续动作。

4. 蹬池壁或池底在水中进行仰滑的过程中，做上述动作的练习。

5. 侧卧水面做波浪动作协调练习。

（二）身体姿势

蝶泳与其他泳式不同，身体没有稳定的姿势，但在游进过程中，游泳者头、颈、躯干、腿、脚沿身体纵轴做传递式的、有节奏的、依次起伏不大的波浪曲线进行运动，而正是这种起伏不大的波浪运动，又使游泳者身体保持相对稳定的姿势。

二、蝶泳的手臂动作

动作要点：蝶泳臂部划水动作的推进力比任何泳式都大。蝶泳臂部划水动作与自由泳一样，由入水、抓（抱水）、划（拉和推）水、出水和空中移臂五个阶段紧密衔接组成。

入水滑抱：游泳者手臂入水动作肘稍高于前臂，按食指—前臂—上臂的顺序，在肩的延长线上约与水面成20°切入，然后迅速下滑两手掌转向内后下方，形成屈肘屈腕的高肘抱水姿势。

划（拉和推）水：从双臂抱水状开始，两手向内屈臂高肘向后做拉水动作，当手划至肩下垂直面时，上臂与前臂约保持100°，手和前臂此时对水作用面积最大，并用力加速推水至大腿旁。从两手入水滑抱到划水至大腿侧，蝶泳臂部动作所走的轨迹是对称的双“S”形路线。

出水和空中移臂：推水动作结束后，以肩带动肘和手依次提出水面。两手向髋外侧空中划平弧前移入水。

练习方法：

1. 陆上模仿。练习者双脚开立，身体前倾，按照蝶泳动作技术要点和要求，练习臂部划水动作，认真体会手臂的划水路线和转肩移臂入水的过程。

2. 在浅水区中保持站立姿势做上述动作练习。

3. 在浅水区行进过程中做上述动作练习。

4. 以蛙泳腿部蹬夹水动作配合进行蝶泳手臂的动作练习。

三、蝶泳的呼吸技术

（一）蝶泳臂部动作和呼吸的配合与练习方法

配合方法：双臂做入水动作同时吐气；手臂划水过程中微抬下颏；手臂划水至胸下方时抬头张嘴猛吸一口气；双臂出水经空中移臂时低头稍闭气后再慢慢吐净。

练习方法

1. 陆上模仿。站立陆地上保持身体前倾，两臂前伸，练习臂部划水动作，并配合进行呼吸。

2. 站立浅水中，做上述配合练习。

3. 在浅水区行进过程中做上述配合练习。

反复练习蝶泳一个动作周期的配合。即游泳者两臂向后划水的同时蹬池底向前上方跃出时，抬头张嘴吸气，随后低头同时两臂经空中移臂至肩前入水，慢慢吐气，再划水收腿转成站立姿势。

（二）蝶泳腿部臂部动作和呼吸的配合与练法

配合方法：蝶泳技术多采用早吸气和晚吸气两种呼吸方法。初学者一般以采用早吸气为好。

蝶泳的完整技术配合可以依据2：1：1的比例安排，即双腿2次打水，双臂划水1次，配合1次呼吸。

配合过程：双臂入水吐气时，腿部做第一次打水；等到双臂划水抬头张嘴吸气时，双腿进行第二次打水；双臂出水做空中移臂动作时稍闭气，等到双臂入水后再慢慢吐净气。

练习方法：

1. 陆上模仿。练习者俯卧在游泳池边出发台上，按照蝶泳动作技术要求和节奏进行完整的技术动作配合练习。

2. 反复强化进行蝶泳一个动作周期的完整技术配合练习。

3. 由4：2：1的完整技术配合比例，逐步过渡练习为2：1：1。

四、蝶泳的出发技术

（一）出发台出发技术

根据规则规定，自由泳、蛙泳和蝶泳的各项目比赛，运动员都要从出发台出发，仰泳项目则应在水中出发。

出发动作主要采用抓台式和摆臂式。抓台式出发动作与摆臂式相比，具有准备姿势重心更稳定，离台早、入水快、初速大的优点，但入水点离池边较近。优秀运动员比赛中仍多采用抓台式准备出发。

出发动作要点：出发动作由准备姿势、起跳、腾空、入水、滑行和游进六个阶段组成。这里仅将腾空入水和滑行游进动作简介如下：

腾空入水：游泳者双腿蹬离出发台腾空跃起后，两臂前伸贴耳，两手并拢，全身保持一定的紧张度，呈流线型，按照手—肩—髋—脚的顺序依次入水。不同游泳比赛项目的入水角度要求也不相同，自由泳最小，蛙泳和蝶泳次之。

滑行游进：游泳者入水后利用起跳的惯性在水下继续前冲滑行。滑行过程中，游泳者保持头和手微上仰，从而使身体由池底转为向上接近水面。滑行至1～3米时，就必须按照不同泳式规则要求游进。自由泳滑行过程结束后，两腿首先打水，并配合双臂划水动作游出水面，吸气后继续游进；蛙泳滑行过程结束后，两臂继续做1次长划臂潜泳滑行，屈肘收手前伸时配合收腿，但手臂前移接近甚至时，双腿用力蹬夹水，从而使身体浮出水面进行图中游进。

为便于初学者学练游泳的出发动作，现将摆臂式出发的具体联系方法介绍如下：

1．陆上模仿。练习者两脚开立略与肩同宽，微微屈膝，身体前倾，双臂自然下垂或置于髋部侧后。随后，两臂迅速上摆停至头部前上方贴耳位置，同时两脚用力蹬地的向上或前上方跳起，空中做微低头和收腹动作。

2．坐跳练习。预备姿势时坐在池边，两脚蹬在水槽上，两臂上举将头夹在中间。开始跳的时候先将腰下弯，身体向前倒，使臀部离开地面。在身体倒至45°时，两腿用力蹬离水槽。腾空时身体伸直，按手、臂、躯干、腿次序插入水中。

3．立跳练习。预备姿势是站立在池边，脚趾勾住池边前缘，体前屈，两臂前平举将头夹在中间。开始跳时，身体向前倾，身体重心倒至约45°时，屈膝用力蹬腿，两脚蹬离池边，身体向前冲出，腾空时身体伸直，然后按照手、臂、躯干、腿次序插入水。

4．蹲跳练习。预备姿势时两脚左右开立出发台上，脚趾勾住台缘，两臂上举将头夹在当中，屈膝下蹲，体前屈。开始跳时用力伸髋伸膝，脚蹬离出发台。身体伸直腾空，以45° 向前斜插入水。

5. 折体小摆臂出发跳练习。预备姿势时两脚左右开立出发台上，脚趾勾住出发台前缘。折体，低头两臂下垂，稍屈膝，上身尽量往腿上靠近。开始跳时两臂稍向外转再向前摆，身体重心向前倾。用力向前摆臂，身体重心继续向前倾至45° 时，伸髋伸膝两脚用力蹬离出发台。身体呈流线型向前冲出，斜插入水。

6. 小屈体大摆臂出发练习。预备姿势是两脚左右开立出发台上，距离约与肩宽，矫治勾住台缘，两臂在肩前下方伸出，把头夹在中间，体前屈与大腿约成90° 左右，膝稍屈。开始蹬跳时，两臂先向上向后，然后向下向前作绕环大摆臂，两臂向前摆出，边摆臂身体重心边前倾。当臂摆在前边，身体前倾至45° 时，腿用力蹬跳台，身体呈流线型向前腾空冲出，斜插入水。

7. 出发后出水练习。（1）注意按不同泳式采用不同的滑行深度。（2）按各种泳式出水要求，练习出水时头出水的姿势。（3）按各种泳式出水要求，做水下臂划水和腿的动作。

五、蝶泳的完整配合练习方法

蝶泳的整体配合练习方法

1. 陆上两腿屈膝模仿练习。两腿同时屈膝做双臂划水练习，此项练习可强化手与腿的配合节奏。

2. 陆上一脚点地、双臂划水练习。明确手、腿配合的技术概念，建立正确的配合顺序和用力节奏。

3. 陆上两腿屈膝，呼吸做双臂划水练习。明确完整配合中协调用力顺序，体会手腿配合的用力节奏和先后顺序。

4. 单臂蝶泳。一臂前伸不动，另一臂做划水练习，两腿上下打海豚腿或蹬2次蛙泳腿，做1次蝶泳划水练习。

5. 打1次腿、划1次蝶泳臂、蹬1次蛙泳腿。初学蝶泳的人，一般会在打腿、划水配合1次后出现身体位置改变，这时蹬1次蛙泳腿，可以及时调整身体位置，从而为下一个动作做好准备。

6. 蹬两次蛙泳腿、划一次蝶泳臂、换一次气。初学蝶泳时。很多人会因打腿不足而造成手臂出水困难，通过蹬2次蛙泳腿、划1次蝶泳臂，换1次气的练习可以使手臂及时提出水面，解决前摆困难。

7. 蝶泳完整技术配合动作练习。逐步增长练习距离，在反复游泳中改进和巩固技术动作。

（二）仰泳整体配合的易犯错误和纠正方法

1. 打腿时有停顿

错误原因：打腿用力顺序掌握得不好。

纠正方法：应该多做陆上配合模仿练习。水中应强调手前伸时打1次腿、推水时打1次腿的手腿配合节奏。

2. 手臂出水困难

错误原因：上肢力量不足，划水、推水力量速度不够、推水动作不完整。

纠正方法：应增强上肢力量和划水、推水时的速度。

3. 腿部过深，造成打腿困难，身体下沉

错误原因：没有完全掌握正确的打腿技术。应该两脚在向下打水时接近水面再向下打腿。

纠正方法：应加强身体素质练习，特别是腹背肌力量练习，多做打腿模仿练习。

4. 划水路线短

错误原因：手臂入水点较近，推水时手臂未完全伸直。

纠正方法：入水时应注意手臂尽量前伸，划水后用拇指触及大腿后再移臂。

5. 吸气困难

错误原因：推水时头未向前上伸抬或推水力量不足。

纠正方法：应加速推水，推水时应有意识地向前伸抬下颌，使嘴露出水面，同时加强第2次打腿的力量。

6. 动作不连贯

错误原因：技术概念、用力节奏不清。

纠正方法：应强化正确的技术概念，注重伸手打腿和划手打腿的用力节奏。

7. 身体起伏过大

错误原因：手臂入水后下潜太深，划推水时向下后用力。

纠正方法：两臂入水后应尽量前平伸，划水时应向后划推。

（三）蝶泳技术的动作节奏

蝶泳是竞技游泳中技术动作比较特殊的一种泳姿，游进速度仅次于自由泳。蝶泳技术结构有以下特征：身体俯卧水中，双手在肩宽位置入水，双腿屈，准备开始下打动作，头部稍微前倾。向前移臂时双臂同时产生的动量，使双手下沉，在双肩沿线处入水。向下打腿的反作用力造成臀部抬升至水面，头部开始向上。双手入水后向下向后划水，达到最大宽度，肘关节抬高，双手划水经过身体正下方，肘关节弯曲角度约为90° 。当手经过肩膀下方，肘部开始接近身体，双腿开始第二次打水。游泳者颈部开始屈曲，头部微沉于水中。双臂提离水面，开始移臂动作。这时游泳者低头，可以使移臂动作更为容易。移臂时双臂挥过肩膀，手掌向下方，肘关节完全伸展。双腿开始弯曲。双手沉入水中，大腿同时做下打动作。膝关节屈曲加大。双足接近露出水面。当划水的第一阶段，腿下打动作接近完成。游泳者在前一循环闭气，在手臂划水开始的同时，做呼吸动作。这是蝶泳的技术结构。

节奏是指一个动作周期内肌肉放松与用力地最适宜比例。快速有力的节奏，不仅能节省体力，而且可加快游速，是竞技游泳必须掌握的技巧。然而，蝶泳技术相对较为复杂，因此其节奏掌握的优劣，对运动成绩有直接影响。我们在技术教学及训练过程中，认为良好的动作节奏，要靠正确的配合来连接，靠有效的训练来转化。

现代蝶泳技术强调，两手外分不大，压肩不深，身体波浪起伏小，动作频率相对快，节奏鲜明，整体动作轻松、连贯、自然、流畅。根据人体的生理解剖特点，人体可分为头、躯干、大臂、小臂、手、大腿、小腿、足八个主要部位。在游泳训练中完成每个动作，是身体各个部位互相合作，是身体各环节之间位置相对变化的结果。它们共同传递一个环节到另一个环节的运动。在蝶泳的节奏和动作要求中，腿的结构是蝶泳技术节奏的关键和难点。在完整的蝶泳动作周期内，手臂入水时，腿下打要快，手臂进入划水阶段时，腿上打要缓慢，手臂在推水时，腿又要快速下打，手臂移臂出水时，腿要缓慢上打。上打后半程伴有屈膝下沉动作，腿和躯干积极参与波浪动作，肩部波浪起伏幅度要小，腰部发力，从髋关节到脚幅度由小到大，大腿带动小腿和脚做鞭状打腿动作。

蝶泳配合技术起主导作用的是第二次打腿动作。一是第二次打腿时机，打早、打晚了对配合都有影响，要在两臂推水至一半时打第二次腿；二是第二次腿下时要重。重打促使神经系统支配手用力推水。这样，脚用力下打，手用力推水，产生上肢，躯体，下肢肌群协同用力地效果。两臂，腰部，两腿的合力产生了巨大的推进力，促使身体前进。

完整的动作节奏主要表现在手、腿、呼吸的配合上。要求第一次打腿要与手臂入水同时结束，第二次打腿要重，与推水同时结束，呼吸要和移臂同时结束。呼吸时，颈部要放松，不要太紧张，不能妨碍手臂前移。蝶泳游进时，腿的节奏主要是指二次打腿的时间差和角度，是整个蝶泳技术节奏中最重要的环节，第二次打腿屈膝比第一次打腿屈膝角度要小，第二次打腿屈髋角度要大，第二次腿上打时间比第一次上打时间长，第二次腿下打时间比第一次腿下打时间短，蝶泳游进时，第一次腿上打时要控制组，第二次腿与推水的协同用力是蝶泳技术节奏中生产推进力的关键。

由此可见，蝶泳的节奏在蝶泳完整的技术中起到了重要作用，是蝶泳技术的关键所在，是游泳者的学习和掌握的主要任务。

六、蝶泳的常见错误与纠正方法

（一）身体起伏较大而且难以向前游进

产生原因：游泳者不是做波浪鞭状打水动作，而是屈膝以小腿打水或是挺胸收腹牙髓，难以产生向前的推进力；两臂划水动作做成向下压水，向后拖肘摸水，或是划水动作结束时掌心成向上撩水。以上两点结合就会产生游泳者身体上下起伏而难以游进的现象。

纠正方法：反复强化躯干和腿的波浪鞭状打水动作与两臂划水动作的配合练习。

（二）空中移臂动作困难

产生原因：做划水动作至推水阶段时，手腕没能自然后屈并使用掌心向后推水，而是做成以手撩水；将以肩带肘、提肘出水的惯性转肩前移动做成小臂上摆，结果使肩部肌肉产生紧张，造成移臂动作困难。

纠正方法：在陆地上和浅水中反复练习臂部划水动作，细心体会推水阶段用掌心向后推水的动作要领。

（三）臂腿配合动作脱节

产生原因：腿部第二次打水动作进行太早；手臂在前停留的时间太久。

纠正方法：蝶泳动作技术要求必须在手臂入水时，双腿做第一次打水动作；手臂完成划水动作同时进行双腿第二次打水。

反复强化进行这一配合动作的练习。

七、蝶泳技术专门性练习

（一）腿打水技术的练习

1. 两臂双握置于背后。脸入水，做腿练习。要求用力打腿，增强动作的连贯性，提高节奏感。

2. 两臂置于背后，抬头，做腿练习。发展腰腹和腿力，提高对水的感觉。

3. 仰卧，两臂前伸直，做腿练习。肩部不能起伏，主要体会腰腹发力和脚掌打水动作。

4. 仰卧，两臂置于体侧，做腿练习。头和肩保持平稳姿势，主要体会腰腹发力和脚掌打水动作。

5. 两臂前伸直，做侧卧蝶泳腿练习。体会腰腹发力，提高对水的感觉。

6. 两臂置于体侧，做侧卧蝶泳腿练习。改变练习手段，体会腰腹发力，提高对水的感觉。

7. 两臂前伸，潜入水中做腿练习。变换练习手段，加大难度，提高对水的感觉。

8. 戴脚蹼做上述任何一种腿练习。增大脚掌对水面，提高对水的感觉。

（二）臂划水的技术练习

1. 套自行车内胎在脚上，做臂划水练习。要求身体呈流线型，体会划水路线和移臂动作，加大阻力，提高对水的感觉。

2. 用橡皮条一端系住脚腕处，一端系在岸上，做蝶泳臂划水练习。加大难度，提高对水的感觉。

3. 手戴划水掌做上述任何一种练习。增大阻力，提高对水的感觉。

4. 握拳做上述任何一种练习，然后张开手掌划水，提高对水的感觉。

（三）配合技术的练习

1. 自由泳臂划水配合蝶泳腿练习。每单臂划水1次，腿打水2次。主要发展臂、腿配合的节奏感。

2. 握拳做上述任何一种练习，然后伸开手掌划水，提高对水的感觉。

3. 手戴划水掌，做上述任何一种练习，发展力量，提高节奏性和对水的感觉。

第八章 不同数字化技术在游泳中的应用

第一节 可视化数字训练法在游泳训练中的应用

随着科技设备的创新应用、运动规律的不断挖掘，新的训练方法应运而生。现代信息科技的应用促进实现了训练内容、方法、手段、评估等方面的全面量化，创新形成一些新的训练方法。新型游泳光导仪就是这样一种能够全面量化训练内容，精确引导训练速度的创新科技手段，依托该设备技术，已被设计出一种新的有效训练方法——可视化数字训练法。

使用游泳训练领域的新型游泳光导仪可以实现目标速度看得到。（光标）训练速度、距离、间歇时间、包干时间、趟数等等训练计划内容可以任意设定，多人模式下光标间隔时间任意设定。在人工智能技术辅助下，光标速度（目标速度）可以任意调速。50m池、25m池都适用。设备一体成型，防水最高等级IP68，有防漏电保护，24V直流电供电，安全可靠。借助游泳光导仪，教练员可以将训练任务做到精确量化，化无形为有形，目标速度看得到，使训练计划有据可依，训练成效（成绩变化）便于分析和比较利用！

一、游泳光导训练法优势

1. 减少了教练日常繁琐的发令、计时、报趟等简单重复性工作，强化了分析、指导，节省人力，减少人为误差，奇特的灯光语言让选手训练时注意力更加专注，更加自觉，提高训练效率。

2. 游泳光导仪的设计完全符合游泳训练的需求，四种泳式都可以兼顾。出发、转身有5m加速，其余游程平均速度，多人模式中选手间隔时间任意设定，可以即刻调控光标速度变化，模拟比赛的实际状况，取得更好的训练实效。

3. 光标到边后有5m即刻加速，追光训练，有助于改变自由泳选手转身后停顿习惯，加快转身后启动速度。

4. 化无形的训练负荷的量化数字为有形的移动光标速度，有光标速度做参照，技术改善立竿见影。

5. 可以以秒为单位逼近选手的体能极限，目标速度看得到，高强度递增负荷训练等训练方法可以容易达成。

6. 可以提高选手的心理能量，增强自信心。训练设定的目标是可视的、可衡量的超短期目标，对于人的行为有促进作用；且能够及时提供反馈，即刻知道选手是否达到目标，更好调动选手的心理潜能，提高训练成绩。

7. 水中灯光刺激可以提高训练的趣味性，提高兴奋性，减少疲劳感，利于成绩的提升。

8. 游泳光导法是多种传统游泳训练方法的进一步拓展与创新，对选手的训练强度要求更加明确，基本做到一堂课的训练量、强度和密度全面量化、可视化，训练目标更加明确，符合现代科学化训练的发展趋势。

二、游泳光导具体训练法

（一）模拟比赛追光训练

游泳长距离训练要求途中游尽量匀速、转身后不能有停顿、出发、转身后蹬墙要有加速，最后冲刺阶段需加速。游泳光导仪的光标在蹬墙出发、转身后5m有加速，完全模拟训练和比赛实际，有助于改变自由泳选手转身后停顿习惯，加快转身后启动速度。分段速度可以任意设定，相当于有人在陪游，结合人工智能技术，让运行光标即刻加速或减速，目标速度看得到，追光训练，调动选手的心理潜能。

（二）多模多人追光训练

游泳光导仪一套有2条光带，有单人模式和多人模式。在多人模式下，每人跟着一个不同颜色的光标进行游泳训练，选手间隔时间可任意设定，可8～16人同时训练，对于水平接近的选手可以互相竞技，有利于调动选手潜能，带动全队整体能力全面提升。

（三）定速训练

固定速度、逐渐缩短包干时间的方式，以增加训练强度，以秒为单位挑战选手的体能极限。例：3×（2×100m～1：07 on1：15＋2×100m～1：07 on 1：13＋100m～1：07 on 1：10）同样1：07的速度，只要跟住光标，就可以达到提高训练强度的目标，迅速提升和突破速度耐力。

（四）变速训练

不同分段的光标速度不同，进行追光变速训练，可以提升选手的速度感、应变能力和身体适应能力。例：30×50根据选手的能力，可以安排目标速度4×0：35＋4×0：34＋4×0：33＋4×0：32＋4×0：31＋4×0：30＋4×0：29＋2×0：28，以秒为单位逐渐突破训练瓶颈，培养速度感，取得好成绩。

（五）比赛速度配速训练

用较短的距离去练习比赛速度，以提升选手的比赛技术、比赛速度感和比赛适应能力。例如：1500 m世界纪录是14：31.2，平均100米速度0：58.07，可以设定：20×（100 m～0：58 on1：20），或者10×（200 m～1：56＋休0：20）等等。这样追着光标的速度训练，相当于有人按照实战需求陪练。

（六）训练强度和密度的控制

严格控制游泳的速度（强度）和间歇时间，科研工作精确量化，测试结果更加准确。如：乳酸测试的3-2-1-1-1，每趟练习强度（速度）可以计算，并能准确设定间歇时间。选手只要按照设定的光标速度完成，严格按照间歇时间测试血乳酸，就可以达到精确的测试结果。

（七）目标强化训练

短距离选手要求高强度递增负荷训练，耐乳酸能力强，要求后程速度能够顶住。人在疲劳状态下，没有目标容易放弃，速度很容易下降。例如：4×50m的要求~0：30 on 0：45+ ~0：29 on 0：50+ ~0：28 on 0：55 + ~0：27 on 1：00，跟住光标的速度，就达到的训练强度，即使达不到，也能看到差距多少。直观了解到选手在哪个阶段开始懈怠，可推测出是速度还是速度耐力跟不上，需要加强素质是什么，可为下一阶段训练提出更适合的训练内容和计划。

（八）混合泳光导训练

一拖二功能，仰泳选手也可以看到光标，混合泳训练的配速可以完美实现。一条装在池底，一条装在水道绳上，仰泳的配速目标也看得到！例如：6×200 m混 on 3：00，目标速度设定如下：6×（50 m~0：30蝶+50 m~0：36仰+50 m~0：39蛙+50 m~0：30自）on 3：00。

（九）青少年趣味训练

水中灯光刺激可以提高训练的趣味性，提高兴奋性，减少疲劳感，利于运动成绩的提升。实践表明，青少年对不同颜色的灯光和移动目标非常感兴趣，注意力更集中，训练也比较有目标，选手自我感觉更轻松，趣味性更强，可提高训练积极性，训练效果非常好。利用人工智能的迷你调速器，可以在训练过程中体会即刻加速、匀速的感觉，对于提高水感很有帮助。

（十）强化意念和视觉表象训练心理训练法

选手对比赛目标速度看得到，可以通过意念和视觉训练，培养速度感，增强选手的自信心。例如：展开游泳光导仪，设好目标速度（比如世界纪录），看着运行的速度，意念体验速度感，逐渐建立起自信心和挑战的意念。

第二节 虚拟现实技术在游泳训练中的应用

游泳项目作为一项在水环境中进行的体育运动，在特殊的技能学习环境中，学习者的视觉和听觉作用都受到了很大的限制。由于游泳在水中进行的特殊性，相较于其他陆上体育项目，对教学质量提出更高的要求。在传统的游泳技术教学中，教师多以讲解、示范、图片、视频等形式进行，但是直观性教学并不能完全“直观”且都相应存在一定的局限性。此外，由于游泳教学场馆开放性的特点，对学习者注意力的集中也存在一定干扰和影响。针对在游泳技术教学中存在的问题，利用虚拟现实技术（Virtual Reality，简称“VR”）手段，弥补传统游泳技术教学中的不足，以计算机虚拟环境带给人的沉浸感和全角度的观看体验，加强学习者对游泳技术的学习和理解，激发学习兴趣，为教学提供新的思路与方法。

一、当前游泳教学中存在的问题

（一）传统

科技发展日新月异，学生的眼界与思想越来越开阔，而游泳教学手段与方法仍较为传统。虽然教师不断钻研与探索，在练习方法与形式上进行创新，但与现代科技接轨的信息化教学只能为传统的图片与视频。由于游泳教学环境的特殊性，使得传统信息化教学存在一定制约与限制，教学活动缺乏新的活力。

（二）局限

游泳学练点较多，水中的教师示范具有视觉盲区。如学生陆上站位观看，只能对教师示范的水面上的动作进行直观的学习与观察；水下动作的观察学习，通常采用教学视频展示，而教学视频的选择或制作对于教师也是一项专业素质能力的考验，同时视频展现的角度或观者的角度不同都会对技术动作造成偏差。

（三）专注

游泳场馆具有开放性的特点，在同时有多人或多组练习的情况下，教师的语言指导比较费力，同时青少年的神经特点决定了他们的专注力不易集中，一旦缺乏兴趣，或被其他因素干扰与吸引，更易被转移。在精讲多练的教学背景环境下，不仅对学生的专注听讲提出了更高的要求，对教师的控场能力也极具严苛的考验。在教学过程中，教师如果不能有效地抓住学生的关注点，一个教学难点或重点的学习就会被学生丢失，进而影响学习的进度理解与掌握。

二、VR技术在游泳教学课中的应用探索

对于初次接触游泳的学习者来说，传统游泳教学中采用的教学方法存在一定局限性，在教学过程中，学生对于教师教学语言的理解存在一定反应时与理解偏差，教师多采用讲解＋示范、多媒体＋讲解的手段进行教学，因此本文提出VR技术应用于游泳学练的实施框架（图8-1）。

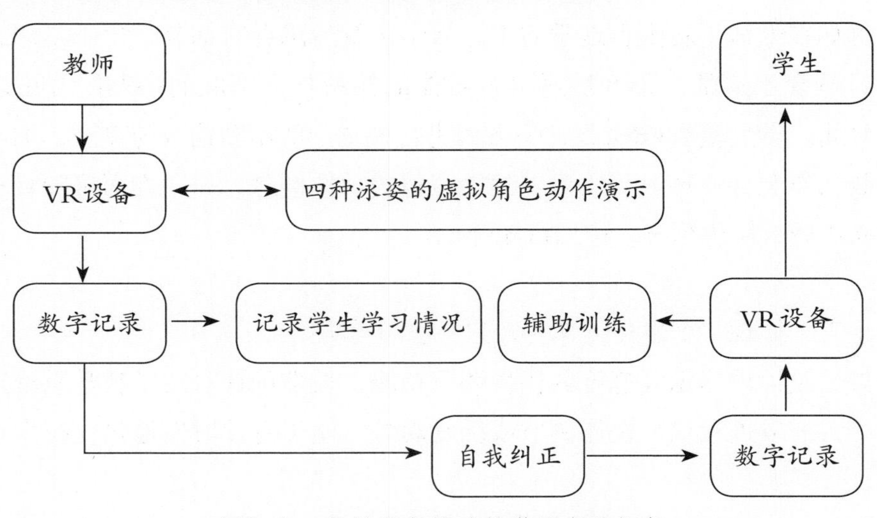

图8-1　虚拟现实辅助教学的实施框架

（一）实现“全角度”观摩，提升直观教学

VR游泳技术展示操作界面友好，易于控制。根据界面的语言指示，利用

配套手柄的上下左右等变向选择，即可进入到所需页面；进入所选页面后，即可观看到三维模型展示出的相关泳姿技术动作，页面内配备背景解说及字幕，图文并茂；VR技术视觉界面可实现360° 全角度视觉观摩，可加深并突出对泳姿技术点的认识和理解。

在实际应用中，以蛙泳腿教学为例。教师通过引导，利用其全角度的观摩学习，帮助学生建立蛙泳腿的全面直观认识和理解，将传统灌输式教学趋向引导启发式教学，首先引导学生观察，然后师生共同概括梳理蛙泳腿的特点与要点，加深学生对蛙泳腿的理解与记忆。

（二）突出“沉浸感”体验，助力专注课堂

在应对多人教学环境时，教师可选用电脑端的教学环境页面展示讲解，教师通过鼠标操作即可实现视频界面的任意角度选择，进行有选择有针对性角度的学习与讲解；针对个体学习，可使用体验感更强的VR头显，使其具备较高的沉浸感和主体感体验，在学习观看过程中，可有效规避与降低游泳场馆的环境嘈杂等对学习的影响与干扰，进而提高学生学习专注度，进一步增强学习效果与反馈。

例如在蛙泳手腿配合地学习中，教学讲解后仍会有部分学生不易理解，或者对概念不清晰，下水后对自我身体的控制与上下肢的协调配合出现问题。对此，学生佩戴VR头显，一方面进行视觉上的不断输入与刺激，加深对上下肢动作配合的理解与认识，建立完整的动作概念；另一方面可随着三维模型动作进行模仿练习，达到行知合一。

（三）体现“个性化”学习，弥补学习差异

界面设计动作循环速度的快慢调节功能，教学可针对技术教学重难点或根据个人需求进行快、慢速调节或反复观看，便于有针对性地强化技术点的学习。

例如在仰泳进阶教学过程中，仰泳划臂的水下划水路线相对复杂，较难理解，学习者的理解能力具有一定差异性。因此，在教学过程中，通过VR技术可提供给学生观摩仰泳划臂任意角度以及对该角度的快慢播放速度的调整操作，学生可充分理解与认识仰泳各阶段手臂对水角度、手形的变化等。在达到一定的认知基础后，学生可随合适速率的三维模型动作一起进行模仿、比对练习，实现技术教学的促进与巩固，为水下良好技术的完成奠定基础。

（四）融合“数字化”教学，开放学习视野

青少年对感兴趣的内容记得快，具体、直观的内容易记住，同时模仿能力较强，因此采用VR教学模式与青少年的学习记忆特点可达到有效契合。青少年对科技新事物的兴趣，则会产生最大注意力。在爬泳学习的过程中，学习难度上升，特别是在初学阶段，要想习得并掌握连贯流畅的技术动作，需要有爬泳游进时的良好节奏。而要想掌握较为理想的爬泳节奏，从游泳技术的层面来讲，可分为手腿的配合节奏以及呼吸的时机。其中，对节奏影响最大的是呼吸，如果呼吸掌握不好，就会打乱爬泳的动作循环节奏，从而影响技术完成的实效性。

在针对爬泳呼吸的教学中，一方面需要教师具有较强的教学功底，例如清晰易懂的语言讲解、新颖有趣的辅助练习方法等，另一方面则可借助现代数字化科技的力量，根据教学情况，选择合适的方法在恰当的教学时机以补偿常规教学课堂中的不足，提高教学氛围，提升学习兴趣。游泳与科学融合，传统与现代合力，让科技的力量协助学习者更快更好地掌握技能，同时体验科技的发展与进步。

总而言之，虚拟现实技术应用于游泳教学，能够使游泳教学摆脱以往长期的教学困境，游泳虚拟现实教学的真实性、适时性、可扩展性、丰富性等特点，能有效解决传统游泳教学存在的水中视觉障碍、陆上示范隔靴搔痒、错误动作定位模糊、肢体动作无法比对自知等问题。在游泳教学中通过计算机运用虚拟现实技术可以准确、多角度地再现游泳技术动作细微环节，在动态的虚拟游泳环境中随时根据教师的意图进行演示，并通过学习者的自然技能（五官和四肢）与这个环境进行交互，实时进行正误动作虚实对比、直观纠错。将现代计算机图形图像技术与体育教学结合，提升技术学习效率与效果，开阔体育科技视野，同时也将拓宽VR技术的多领域发展。

第三节　CAI数字技术在游泳教学中的应用

一、CAI数字技术支撑游泳教学改革

游泳被公认为高校体育中学生的学习能力和教师的教学能力差异最大的专项，以上方面的教学改革要取得明显成效，必须要有一个全新的教学技术做全面支撑。经过分析和比较，确信多媒体数字技术能较好地对这三方面改革做技术保障，发挥独特和显著的作用。

一是多媒体技术能以文字、图形、图像、声音、动画、视频等综合形式向学生传递知识和信息，不仅信息量大，而且可以化静为动、化繁为简，化难为易。可以把学生不易掌握、较难理解的知识，例如流体力学，一目了然地展现在学生面前，把复杂艰巨的认识活动变得简单、轻松和愉快。图片、图像、动画等多种可视信息，对帮助讲清游泳流体力学的重点和难点、生动形象地启发学生的思维和想象力非常有利，也是目前任何其他技术无法比拟的。

二是游泳由于水的特殊环境，视觉和听觉受到限制。尤其是初学者，往往只能借助陆上动作的模仿来建立动作概念和动作表象。而水下摄影和数字处理技术能使学生看到来自水中多方位游泳的真实动作，配以图、文、声于一体，同时作用到学生的多个感官，使游泳教学示范内容形象化、生动化和扩展化。教学过程中运用的感觉器官越多，学习作用发挥得越充分，游泳技术就越容易被理解和掌握。教师运用CAI可以结合画面示范和讲解，无误差的多次重复，学生可以针对动作的错误，自行分析和纠正。CAI不但能大大提高游泳示范动作的正确性，强化游泳示范教学的效果，而且可节省在游泳池中用于示范及讲解的宝贵时间，让学生在有限的游泳池时间中多实践多练习，加快教学进度。

三是多媒体技术能最大限度地适应较大差距的教学对象。多媒体技术利用其强大的图形交互和窗口交互操作，来控制多媒体信息的显示，对于俱乐部分层次教学极其有利。游泳俱乐部设立初级、中级、高级课程，以适应和满足所有学生的不同起点和需求。原则上，学生对课程、时间有自主选择

权，以利于最大程度匹配其需要 ，这种调节可以让学生在最短的时间里得到最有效的学习。多媒体技术可以在同一时间同时满足初、中、高级游泳课程学习的需要，对同一对象，能大跨度地从课程到具体内容甚至某一画面切换。既有利于学生的学习，又有利于教师的教学 。

二、CAI在游泳教学改革中的具体应用

（一）CAI在游泳理论课的应用

以往的游泳理论课，流体力学教学都是以黑板粉笔作为主要的教学手段，同时辅以大量的挂图，学生不得不将这些平面图在头脑中转化为立体的图像。采用CAI教学，可以把文本、图像、声音等信息有机组合，提高课堂教学的效率。在一些需要着重讲述的知识点，可以反复播放，或者放大相关的图像，从而使学生能够更好地领会教学内容，掌握重点与难点。

例如：流体力学把水和空气都视为流体，但水的阻力是空气的800倍，人体在水中游进时，所受阻力又与速度的平方成正比。因此，游泳理论认为：提高游泳速度，必须有效减小阻力。实验数据表明，体型、推进力相同的初级游泳者，同样游25米自由泳，如果其中一人的阻力降低10%，他就可在时间上缩短5秒，距离上领先对手3米。

流体力学课上述的这段内容，我们使用SGIuA1tix系统的CFD模型制作的数字影像，让学生看到水流沿着游泳者身体表面流动的路径，看到水流在何处离开身体、又在何处再次附着；看到水不是沿着身体走直线，而是大量出现弧线，并围绕身体旋转；看到在臀部、胸部、肩部和头部这些特定位置水流的黏滞。数字影像用红（暖）色到蓝（冷）色来表示黏滞程度的大小，学生能够看到沿身体表面摩擦的全部轮廓图和皮肤高摩擦阻力区域。

学生还可以通过语音和文字解说，明白推进力是指推动人体在水中前进的力，从流体力学角度分析，游泳速度的提高依赖于增加推进阻力和推进升力，或是二者达到最佳配合。数字影像让学生看到游泳者的肢体如何动作，使其形状阻力系数和挡水面积增大，有效划水路线增长，力的作用时间更充分，并使所产生的总合力的方向尽可能与游进方向一致。

游泳理论课采用数字影像作为动态的媒体资源，以其丰富的动态效果和伴随音效，在创设情境、激发情感、破解游泳理论课教学难题上发挥了其他教学手段无法起到的独特作用，被学生称为“最有趣、最生动”的体育理论课。

（二）CAI在强化示范教学中的应用

游泳教学中强化示范法，着重强化以下三个方面：首先是完整配合动作示范，要让学生从各个方位（侧、前、后）清楚观看示范动作。其次是局部动作示范，演示动作的分解和阶段动作，包括演示定格动作。再次是慢速示范，在游泳教学中，有学生始终在一些重要而有一定难度的技术环节方面表现出学习困难。这时的示范应尽量在不破坏动作连贯性的情况下放慢速度，或在不破坏动作结构的前提下分解示范，学生在慢速的、降低难度的示范下进行 同步练习就能达到很好的教学效果。游泳是教师教学能力差异最大的一项课程，甚至有的的高校体育教师并不会游泳，要做出标准的示范动作自然是难上加难。一些结构复杂、技术性强、必须在高速运动中完成的技术动作，是学生学习游泳的重点和难点，但教师的示范既不能在陆上完成，又无法在水中停顿。受波浪和水花的影响，学生观看示范也大受影响。而采用CAI后，计算机把标准的游泳技术动作的录像资料进行数字化处理后，就可以反复向学生进行完整配合动作和局部动作的示范。演示过程中，教师和学生可以根据学习需要将动作慢放、快放、正常、截取某一画面，或截取某一部位进行示范观摩，直到学生完全熟悉和掌握为止。

数字影像资料库已经可以直接请美国的菲尔普斯，澳大利亚的索普，中国的刘子歌、焦刘洋、张琳、吴鹏做各种顶级的标准示范动作，学生直接向世界上最好的游泳选手学习示范动作，既能大幅缩短教学时间，又能模仿、复制标准规范的技术动作，不会造成谬误的放大。此外，清晰漂亮的影像画面、朝气蓬勃的运动员身影、激动人心的现场音效，直接刺激着学生们的感官，极大增强了他们的兴趣，加速了他们的学习进程。

为了更加准确地判断学生动作完成的质量，以及科学有效地指导校游泳队训练，可借鉴中科院计算技术研究所研发的运动图形图像测量分析系统，尝试用视频分析软件对学生的打腿和划手动作进行同步对比分析。先凭借安装在四个角度的摄像机，从不同的方位拍摄教师的打腿和划手的技术动作，将这些图像输入计算机后用视频分析软件进行分析处理，并通过电脑把各阶段花费的时间、每一个动作周期身体各环节用力情况等计算出来，在计算机上建立三维游泳力学模型和参考坐标。这个系统同样可以把被试学生 的打腿或划手动作拍摄下来，将数据储存进计算机中，通过分析软件画出各个关节点的运动轨迹，主要是肩、肘、髋、膝、踝等几个重要关节点的运动轨迹，分析学生的技术动作并与标准动作进行对比。如果曲线基本相同，说明动作完成得很好，学生在测试的同时就能反馈自己完成的质量水平。此外，教师还通过计算得出的运动参数，如躯干角、肘角、膝角等角度，来判断游泳队员训练中的技术问题。

（三）CAI在俱乐部模式中的应用

游泳是高校体育中学生水平差异最大的一项课程。以完全不会游泳的学生为例，一般也可分为三个层次：第一层次是不怕水、悟性高、掌握动作快的学生；第二层次是不怕水，但掌握动作慢，身体协调能力差，动作僵硬的学生；第三层次是怕水，心理紧张，在水中不敢做任何动作的学生。三类学生必须分层次学习才能达到主观努力和客观条件最大的和谐。因此，运用俱乐部模式才能让不同教学能力的教师分类执教。对学生是因材施教，对教师是最大限度地发挥各自的教学能力。

游泳俱乐部可设高级、中级、初级游泳课程，每一级别中又细分出3～4个类别。由于整个游泳俱乐部教学纷繁而复杂，依靠现有师资和教学资源是完全无法胜任的。而依靠编制的CAI课件，就能在同一时间、同一地点同时满足游泳俱乐部各种层次的不同学习需要。

例如学生A是个完全不会游泳的大一新生，他在下午4点27分用锻炼磁卡进入游泳准备教室，在电脑上先回答系列问卷进行分级自我测试，测试建议A同学以初级2类为起点课程。打开初级2类课程，第一课是《意外落水的自救》：以PPT、FLASH和数字技术编写的文字、动画和视频说明，对不会游泳的学生，首先学习意外落水的自救。采用从直立水中漂浮着手学习，不使人因突然改变体姿而带来“恐水感”，培养对意外落水时的自救能力。这一课特别重视对称式转轮划水技术，即以肩关节为轴心、双手对称作圆周转动划水。强调此技术对自救、水中自我平衡、水感的培养以及随后对竞泳技术增大升力和推动力都有十分重要的作用。因此，以大量的视频做技术示范。A同学在准备教室做了充分的观摩和模仿练习后，进游泳池入水学习。

又例如学生C已是高级3类课程学员，他在下午4点半用锻炼磁卡进入游泳准备教室，在电脑上查看教练对他训练日记的批阅、当天的训练计划及注意事项，他被要求在4×100米自由泳变速游后立即测试运动心率，注意自由泳划手的曲臂和提肘技术要领，以及呼吸抬头偏高的毛病。C同学又调阅了数据库中相关的影像资料，细心体会后进游泳池按计划训练。

三、CAI技术在游泳教学中应用的建议

（一）制作足够的游泳教学材料单元

以往体育课以PPT等技术也制作过一些多媒体课件，大多依附于某一文字教材或脚本，形成一个完整的文本。一旦因时间或文字材料改变，则其重组难度颇大，使得利用率低下。也因其是一个完整的文本，在上课使用、调用以及查找时受到限制。在游泳教学中应用CAI，我们确定主要采用数字技术，摄录、截取、制作的数字影像能适应不同的教学需要，具备模块搭建、组合、穿插的素材特征，能够从数据库方便地查找、使用和调控。这在准备阶段就要制作大量包含游泳教学信息的基本材料单元。如将打腿和划手动作分解为很多相对独立的单元，可以在不同的教学层次、不同的教师教学方式中进行穿插、组合。再如优秀游泳选手像菲尔普斯的大赛资料、“水立方”的外景和游泳池设施的数字影像、体院游泳系学生的教学训练等，这些单一性内容的视频，都是制作时剪裁采用十分方便的基本素材单元。

这些相对独立、便于重组、不依附于某一文本的基本素材单元，由于其运用的灵活性，促使其利用率大大提高，编辑不同教学内容的时间明显节省，学生感受生动，教学效果更好。在具体制作这些基本素材单元时，考虑到学生使用时期望加载时间短、播放流畅、交互友好，这就决定影像文件不能太大。在画质损失不大前提下，选择优化压缩编码是上策。为此，对原始的影像资料就要有较高的品质要求以及相应的处理能力。我们采用的是视频流等流媒体技术。流媒体在播放前并不下载整个文件，只将开始部分内容存

入内存，在计算机中对数据包进行缓存并使媒体数据正确地输出。这样，既保证了局域网传送的稳定性，又减少了下载等待时间。

（二）课件设计注重集成控制和交互设计

包括游泳理论流体力学课在内，游泳教学的CAI课件必须要做到播放控制方便，影像资料既能根据教师或学生的需要进行有选择性地播放，又能随心所欲地重播、慢放、快进、快退、暂停，以及音效的动态控制等，这样才能最大限度地发挥强大的教学作用。为此我们采用CAI数字技术的集成控制和交互设计。集成控制比传统方式不仅具备很好的形象表现力，而且还呈现强大的随机控制能力。交互设计则主要是针对相对独立和分散、数量巨大的基本素材单元的结构提出的要求，设计不合理会导致结构复杂，查找困难。导航设计先从结构中列出主要线索用作交互主界面的顶层结构，以下分层建立下一级目录，但层次以二至三层为佳，以使课件交互更加友好，过多的层次将导致结构混乱。由于游泳俱乐部层次多，游泳教学内容也相当多，导致二级目录数量很大，可以统一风格设置导航条，同一目录层次采用相同色调和相同图形的按钮，正在展示的内容用按钮变色作区别。

第四节 Android可穿戴防溺水报警系统

一、游泳中存在的溺水问题

溺水发生的场景，除了户外水域（如水塘、河流、湖泊或海边）外，还可能发生在室内游泳池，甚至在有陪护人看管的情况下，由于陪护人一时分心失察而发生的溺水事件。

青少年及儿童之所以溺水及溺水死亡率如此之高，其主要原因在于溺水时往往难以被及时发现。溺水往往是无声的，特别是儿童或青少年，在溺水发生时，往往不能主动呼救。即使有看护人，如果溺水发生时，看护人刚好由于注意力转移，没有注意到溺水的发生，仍难以避免溺水的后果。溺水后有效救援的时间短暂。一旦溺水发生后，溺水救援的最佳黄金时间是4分钟之内，对于儿童，这一时间将急剧缩短，看护者一时的分神就会带来很大的安全隐患。溺水急救知识欠缺，导致不能及时施救。一般人可能由于不具备专业的溺水救援知识，对于溺水者，不敢及时施救，等到120急救医护人员到来，可能会错过急救的黄金时间，这也成为救援不力的一个重要因素。游泳安全意识不强，也是导致溺水事故的重要原因。对于青少年、儿童以及家长都需要加强游泳的安全教育。

针对游泳安全及溺水事件发生的特点，因此，基于Android系统的可穿戴的防溺水监测报警系统具有必要性。

二、Android防溺水监测报警系统

（一）蓝牙防溺水监测报警的原理

水分子的振动频率为2. 4GHz，蓝牙无线通信工作频率也是2. 4GHz，蓝牙无线信号通信会受到水干扰，难以穿透水体通信。根据这一原理我们将蓝牙设备嵌入到头圈、泳镜、泳帽等装备上，当蓝牙设备没于水面之下时，监测设备（手机）一般难以监测到其发出的信号，以此作为监测与判断是否溺水的依据。另外，蓝牙信号强度会随传输距离的增长而变弱，手机端可以根据收到蓝牙信息的强度，计算手机与蓝牙设备之间的距离，当二者的距离超过设定值时，进行报警。

（二）可穿戴的防溺水报警监测器

Android低功耗蓝牙防溺水监测报警系统由两部分组成，可穿戴的低功耗蓝牙防溺水监测器和基于Android的监测报警APP。

可穿戴的低功耗蓝牙防溺水监测器，主要由低功耗蓝牙芯片、晶振、电源、射频等组成。

低功耗蓝牙连接的建立及超时。低功耗蓝牙支持面向连接的异步通信链路，与连接相关的有三个关键参数：连接间隔（Interval）、从设备连接延迟

（Slave Latency）和连接超时（Timeout）。连接间隔为连接建立后，周期性的通信时间。从设备延迟是指从设备可以连续跳过不响应主设备连接事件的个数，这样可以降低功耗，节省能源。Android系统中默认的参数值并不适合于防溺水的监测，但Android系统中，没有提供相应设置连接参数的API，在从设备一端设置相应地连接参数，并开启自动更新参数，通过从设备来更新手机端的连接参数，以更符合需要。

（三）基于Android的监测报警APP的功能设计及实现

防溺水监测报警APP由设备模块、防溺水监测与报警、距离监测与报警、信息服务模块、设置模块等组成。

1. 设备模块

设备模块主要实现蓝牙设备的扫描、连接与断开。此模块首先判断当前系统是否支持低功耗蓝牙，如果不支持蓝牙设备，则退出软件。如果支持低功耗蓝牙但蓝牙功能没有开启的话，可请求用户授权开启本地蓝牙功能。然后通过BluetoothManager获取BluetoothAdapter，通过BluetoothAdapter的startSacn（LeScanCallback）的方法开始扫描设备，通过其回调方法得到扫描到的蓝牙设备及其相关信息，如设备名称、MAC地址、RSSI等。用户选择蓝牙设备与之建立连接，并得到BluetoothGatt对象。建立连接后，接收从设备的连接参数更新，更新连接参数。然后，按照设定的连接参数进行周期性的联系。设备连接及其周期性联系由一个单独的后台线程来进行。这个线程一直维持到监测结束程序退出，或者用户手动断开连接。

2. 监测报警模块

监测报警模块主要根据手机端与监测器端的通信情况及信号强度，如果发现满足了设定的阈值，则进行报警处理。

防溺水主要是通过蓝牙信号不能透过水体传播的特性，蓝牙通信在建立连接后，会连接间隔乘以1. 25ms为时间单位，周期性地进行通信保持连接，从设备应在规定的时间内容进行回答（假设从设备延迟为n，那么，第n+1个连接通信必须回复）。

对连接进行情况进行监测，当发现连接出现超时，立即进行溺水报警。

无线信号强度（RSSI）是蓝牙通信中的一个重要参数，RSSI可以在通信的回调接口获得，并且通过RSSI进行距离估算。

计算公式如下：

$$d = \frac{10^{|RSSI| - A}}{10 \times n}$$

其中，d是计算距离；$RSSI$是信号强度，因为$RSSI$是负数，所以取其绝对值；A为发射端和接收端相隔1米时的信号强度，n是环境衰减因子。

为避免由于环境因素造成信号强度波动，从而使得测出的距离也出现较大的跳动，可对$RSSI$进行平均值滤波来提高测量精度，设置一个数组用来存放获取的$RSSI$，对最近10次得到的$RSSI$求平均值，并以此平均值来计算距离。

3. 信息服务模块与设置模块

信息服务模块包括游泳教学、游泳安全与急救知识、法律法规以及新闻通知等内容，这些内容通过网络在线提供服务。游泳教学，通过在线提供各种泳姿的游泳教学视频，进行游泳教学指导。游泳安全与急救知识，在线提供游泳安全防护知识，以及对发生溺水者紧急救护的操作知识，提升游泳自救以及水上救助他人的能力。通过宣传相关法规及信息通知，加强用户的安全意识。设置模块，主要进行报警距离、报警铃声等设置。支持用户自定义报警距离，报警的铃声。

总之，低功耗蓝牙已是Android手机的标配基于Android系统的可穿戴防溺水监测报警系统，使用Android手机作为监测报警的主控端，不必专门定制主控端，节省了成本，方便用户使用。可以有效地对游泳者，特别是青少年与儿童，游泳安全进行监测，能够及时发现溺水事件并报警，避免因为监护者疏忽而导致的溺水事件的发生，有利于保护游泳者（特别是青少年与儿童）生命健康。另外，通过游泳教学、游泳安全及急救操作普及教学，可以提升游泳者的游泳技能，加强安全意识，增强急救能力。

参考文献

[1]漆书青. 现代教育与心理测量学原理[M]. 北京：高等教育出版社, 2002.

[2]朱德全, 宋乃庆. 现代教育统计与测评技术[M]. 重庆：西南师范大学出版社, 1998.

[3]邵明杰. 基于微视频资源的翻转课堂在实验教学中的应用研究——以《现代教育技术》实验课程为例[D]. 武汉：华中师范大学, 2014.

[4]祝智庭. 现代教育技术: 走向信息化教育[M]. 北京：教育科学出版社, 2002.

[5]王东. 现代信息技术在游泳训练中的应用探析[J]. 运动, 2017(23):30–31.

[6]陈文婧. 现代信息技术在游泳训练中的应用研究[J]. 当代体育科技, 2016, 6(18): 28,30.

[7]罗秀梅. 河南省城市中学教师现代教育技术能力调查与对策研究[D]. 长春：吉林大学.

[8]赵玉璐. 微课在《现代教育技术》公共课中的设计与应用研究[D]. 聊城：聊城大学, 2014.

[9]张剑平. 现代教育技术: 理论与应用[M]. 北京：高等教育出版社, 2003.

[8]王晔. 现代教育理论[M]. 长春：吉林大学出版社, 2012.

[10]钟绍春. 信息技术与课程整合有效方法与实践[J]. 中国电化教育, 2007(10): 74–77.

[11]王善利, 刘伟信, 张丽娟. 多媒体技术教程[M]. 北京: 清华大学出版社, 2006: 122.

[12]张世超, 翟波宇, 陈平. 游泳安全进校园课程的教法及效果反思[J]. 科学咨询(教育科研), 2019(12):47.

[13]张义红, 李永乐, 郝矿荣, 等. Android物联网创新型实验研究与应用[J]. 实验室研究与探索, 2018, 37(1):22-24.

[14]齐红梅, 刘晓辉, 姚亚娟, 等. 2 ~ 6年室内游泳训练对儿童骨量影响的研究[J]. 广州体育学院学报, 2017(6):97-99.